イラスト版 からだに障害のある人へのサポート

子どもとマスターする40のボランティア

横藤雅人 [編]
[札幌市立羊丘小学校校長]

北海道生活科・総合的な学習教育連盟ネット研究会 [著]

合同出版

読者のみなさまへ

いろいろな学校で、福祉をテーマにした総合的な学習の授業を見てきました。これからのノーマライゼーション（＝障害者・高齢者も健常者も同じように社会生活をおくること）の世界をつくっていく子どもたちが真剣に取り組んでいる姿を見ると、とても頼もしく感じます。

しかし、なかにはその活動が十分な成果をあげていない事例があります。ある学校では、障害について調べたことを何枚もの大きな模造紙をつかって、教室や多目的スペースに張り出していました。ところがその内容は、「視覚障害」「聴覚障害」などといったインターネットのカラフルなホームページをそのまま印刷しただけのものでした。

「この資料を紹介して、いったい何を伝えたいのだろう」と疑問を抱きつつ最後まで追っていくと、最後の1枚につぎのように書かれていました。

「いろんな障がいがあることがわかりました。かわいそうだと思いました。私は障がいがなくて良かった」

コメントを読んで、私は暗然たる気持ちになってしまいました。この学習で、子どもたちが学んだのは、障害に対する断片的な知識だけで、障害のある方への見方は豊かになるどころか、かえってその知識を得たことによって差別的な見方が助長されてしまっているのではないかと思ったのです。

障害をめぐる世界情勢は大きく変化しています。世界保健機関（WHO）は2001年に「国際生活機能分類」（ICF）（注）という理念を採択しました。それまでは、障害は個人の能力の欠如とされ、必然的に社会生活上の不利に結びつくと考えられてきました。たとえば、目の見えない人は、ものを見る能力に欠けるために、ひとりで外出するのがむずかしいという社会的不利を必然的に負っているとされてきたのです。

ところがICFでは、ある障害者が不利な状況にあるとすれば、その原因は、その人の障害にではなく、その人がくらす社会の制度や環境の未整備にあると考えるのです。つまり、目の見えない人がひとりで外出するのがむずかしいのは、その人の視力がないからではなく、目が見えなくても自由に外出できるような社会環境になっていないと考えるのです。

ICFの考え方が導入されたことで、障害のある方やその家族だけでなく、保健・医療・福祉など幅広い分野の従事者のあいだでも、障害のとらえ方が大きく変わりつつあります。しかし、こうした変化も、先に紹介した例のように、なかなか学校現場までにいき届いてはいません。

一般に障害は、「身体障害」「知的障害」「精神障害」の3種に分けられます。この本では「身

体障害」をとり上げ、そのなかでも三大障害といわれる「肢体不自由」「視覚障害」「聴覚障害」、それと子どもたちにも身近な「加齢による身体機能のおとろえ（お年寄り）」にしぼり、章立てをおこないました。子どもたちが直接かかわりやすく、学びやすい障害だと考えたからです。

また、どの章も
①障害の基礎的知識の紹介
②具体的なサポート方法の紹介
③身の周りの観察へのいざない
④体験的な活動・ボランティアへのいざない

という構成になっています。とくに「身の周りの観察へのいざない」と「体験的な活動・ボランティアへのいざない」は、具体的な活動のなかでこそ、真に生きた知恵が得られるという考えから、項目立てたものです。

読者のみなさまには、この意図を十分にくんでいただき、単なる「知識・方法」の紹介にとどまらない学習を実現していただきたいと思います。何より子どもたちは、具体的な活動が大好きです。ゆとりある時間配分で繰り返し取り組み、たくさんのことを発見していただければと思います。

子どもたちがこの本で学び、活動することによって、障害のある方を「あのひとは障害者だ」という遠い見方で見るのではなく、そのひとを自然に受け入れ、ともに生きる仲間として「そのひとが望んでいること」を助けようとしてくれたとしら、著者たちの望外の喜びです。それこそが真の学力の獲得であり、ICFがうたう真に豊かな社会に近づいていく歩みそのものなのだと思います。

多くの教室で、ご家庭で、この本を楽しく活用していただければ幸いです。

注：ICF = International Classification of Functioning, Disability and Health

北海道生活科・総合的な学習教育連盟ネット研究会
代表　横藤雅人（札幌市立羊丘小学校校長）

■もくじ

読者のみなさまへ …………………………………………………………………… 3

第1章　手足に障害のあるひとをサポートする

1. 手や足に障害があるってどういうこと？ ……………………………………… 8
2. 平らな道やでこぼこ道で車いすをおすとき …………………………………… 10
3. 坂道や段差のあるところで車いすをおすとき ………………………………… 12
4. 車いすで階段やエスカレーターを上るとき・下りるとき …………………… 14
5. 車いすにひとを乗せるとき ……………………………………………………… 16
6. 義手・義足・装具について ……………………………………………………… 18
7. 街を観察してみよう ……………………………………………………………… 20

体験しよう1　車いすを運転してみよう ……………………………………………… 22
体験しよう2　クラスに身体障害の友だちがいたら ………………………………… 24
体験しよう3　家族に身体障害のひとがいたら ……………………………………… 26
【コラム】使えるところをすべてつかって生きる …………………………………… 28

第2章　目に障害のあるひとをサポートする

1. 目に障害があるってどういうこと？ …………………………………………… 30
2. 色覚異常ってどういうこと？ …………………………………………………… 32
3. 目に障害のあるひとがこまっていたら ………………………………………… 34
4. いっしょに歩いて手引きするとき ……………………………………………… 36
5. ものの場所を知らせるとき ……………………………………………………… 38
6. 盲導犬と歩いているひとを見かけたら ………………………………………… 40
7. 街を観察してみよう ……………………………………………………………… 42

体験しよう1　つえをつかって歩いてみよう ………………………………………… 44
体験しよう2　点訳・音訳ボランティアに挑戦しよう ……………………………… 46
体験しよう3　盲導犬ボランティアに参加しよう …………………………………… 48
体験しよう4　こんなくふうで視覚障害者もスポーツを楽しめる ………………… 50
【コラム】見た目にはわからない内臓や関節、骨の障害 …………………………… 52

第3章　聞こえと発音に障害のあるひとをサポートする

1. 聞こえと発音に障害があるってどういうこと？ ……………………………… 54

2　聞こえに障害のあるひとのコミュニケーション……………………………… 56
　3　聴覚障害ならではの不便や危険がある…………………………………… 58
　4　聞こえに障害のあるひとの話を聞くとき…………………………………… 60
　5　聞こえに障害のあるひとと話すとき………………………………………… 62
　6　筆談と指文字で話そう……………………………………………………… 64
　7　手話で話しかけよう………………………………………………………… 66
　8　街を観察してみよう………………………………………………………… 68
体験しよう1　音声を消してテレビを見てみよう ………………………………… 70
体験しよう2　手話であいさつや歌に挑戦しよう ……………………………… 72
体験しよう3　特別支援学校の友だちを訪問しよう、招待しよう ……………… 76
【コラム】　障害とともに生きるスポーツ選手 …………………………………… 78

第4章　お年寄りをサポートする

　1　年をとるってどういうこと？ ………………………………………………… 80
　2　認知症ってどんな病気？ …………………………………………………… 82
　3　お年寄りをサポートしよう…………………………………………………… 84
　4　お年寄りと話すとき………………………………………………………… 86
　5　街を観察してみよう………………………………………………………… 88
体験しよう1　「お年寄り体験キット」で歩いてみよう …………………………… 90
体験しよう2　ひとり暮らしのお年寄りを訪問しよう …………………………… 92
体験しよう3　施設で介護体験をしてみよう …………………………………… 94
【コラム】　だれでも障害者になる可能性がある………………………………… 96

資　料

　1　点字50音表………………………………………………………………… 98
　2　指文字表…………………………………………………………………… 99
　3　身体障害者の生活をサポートするいろいろな道具……………………… 100
　4　身体障害者をサポートする仕事………………………………………… 104
　5　身体障害の理解に役立つ本・ホームページ…………………………… 106
【コラム】　おせっかいとサポートはどこがちがう？ ………………………… 108

あとがきにかえて………………………………………………………………… 109

第1章
手足に障害のあるひとをサポートする

　街全体が少しずつ障害者に配慮したつくりになってきています。手足に障害のあるひとを目にする機会もふえました。しかし日本では、まだまだ障害のあるひとびとに対して自然に声をかけたり、サポートしたりする姿は多くは見られません。第1章では、手足に障害があるということへの理解と、具体的なサポートのしかたを学びましょう。

1 手や足に障害があるってどういうこと？

　手足の一部がなかったり、動かすことができなかったり、姿勢を保つことがむずかしかったりすることで、日常の動作に不自由があることを肢体不自由といいます。
　からだの障害には、①目の障害（視覚障害）②聞こえの障害（聴覚障害）③ことばの障害（音声・言語障害）④手足の障害（肢体不自由）⑤内臓の障害（内部障害）の5つがあります。そのなかでもっとも多い障害は④の手足の障害で、身体障害全体の半数以上を占めています。
　全体の2割くらいが、聞こえの障害と内臓の障害です。
　生まれつき手や足に障害のあるひとだけでなく、病気やスポーツ中の事故、交通事故などによって、からだの器官や神経が回復できないまでに傷ついてしまったり、一部を失ったりしてしまったり、また、いくつかの障害が重なったりするひともたくさんいます。

1 手足の障害がいちばん多い

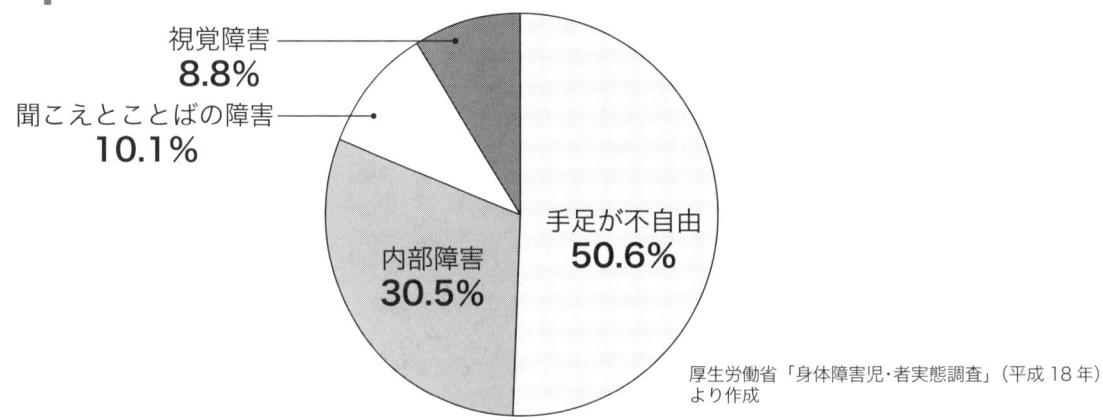

厚生労働省「身体障害児・者実態調査」（平成18年）より作成

　上のグラフは、障害者の割合を障害の種類別にしめしたものです。肢体不自由が半数以上を占めています。このうち5%のひとは2つ以上の障害が重なっています。

2 手足の障害の三大原因

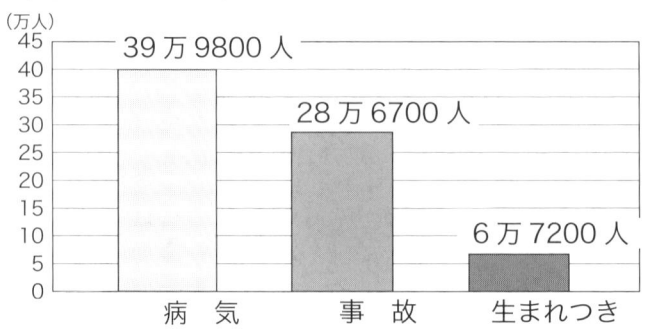

厚生労働省「身体障害児・者実態調査」（平成18年）より作成

　病気や事故で、後天的に障害を負ったひとのほうが、生まれつき障害のあるひとより圧倒的に多いことがわかります。

③ 手足の障害でこまること

●手が不自由

手が不自由だと字を書いたり、ドアや引き出しをあけることができなくなったり、しづらくなったりします。

●足が不自由

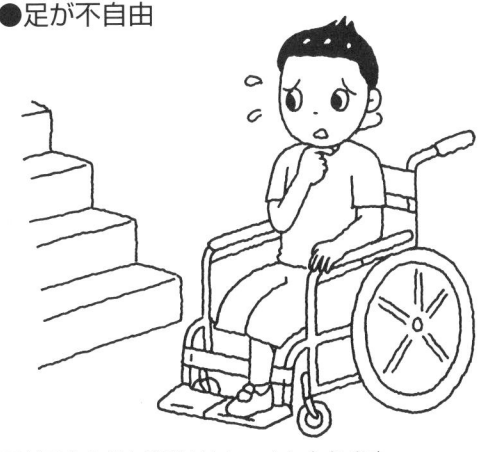

足が不自由だと移動がたいへんになります。

④ 手足の障害をおぎなうくふう

●車いす

●義足(ぎそく)・義手(ぎしゅ)

●装具(そうぐ)

手足の障害によっておこる日常生活の不自由をおぎなってくれる道具があります。こうした道具をつかうことで、障害のあるひとも自分の力で生活しやすくなります（100ページ参考）。

アドバイス

ノーマライゼーションということばがあります。障害者や高齢者と健常者が区別されることなく、ともに生活する社会を目指そうという考え方です。この考え方を具体的な形で表したのが、ユニバーサルデザイン（UD）とバリアフリーです。

ユニバーサルデザインとは「いろいろなひとにやさしく便利な道具や施設のデザイン」のことをいいます。たとえば、温水シャワートイレは一般の家庭や施設にも広くつかわれていますが、もともとは障害者用に開発されたものでした。障害者にやさしい道具や施設は、一般のひとやお年寄り、小さな子ども、さらにはことばや習慣がちがう外国のひとにもつかいやすいことが多いからです。

「バリアフリー」とは、段差をなくしたり、スペースを広く取ったりといった、障害者にとっての障害物（バリア）を取りのぞく（フリー）くふうのことです。たとえば、多目的トイレは広く、段差がなく、手すりもついているので車いすのひとでも楽に利用できます。

2 平らな道やでこぼこ道で車いすをおすとき

　町のなかで、車いすに乗っているひとを見かけることがあります。また、親せきや友だちなど、身近なひとのなかに車いすを利用しているひとがいるかもしれません。車いすを目にする機会は少なくないのです。

　しかし、いざ車いすのひとがこまっている場面に出合ったとき「どうしたらいいんだろう」とおろおろしがちです。車いすのしくみやサポートのしかたについて、じつはほとんど知らないからです。

　しかし、車いすをおすことは、そんなにむずかしいことではありません。平らなところでなら、子どもでも安全におすことができますし、でこぼこなところでも、少し練習すればできます。

　相手がこまっているときに、自然にサポートできるように、車いすの基本的な知識を身につけておきましょう。

1 車いすの各部の名前としくみ （車いすのタイプによって機能や装備にちがいがあります）

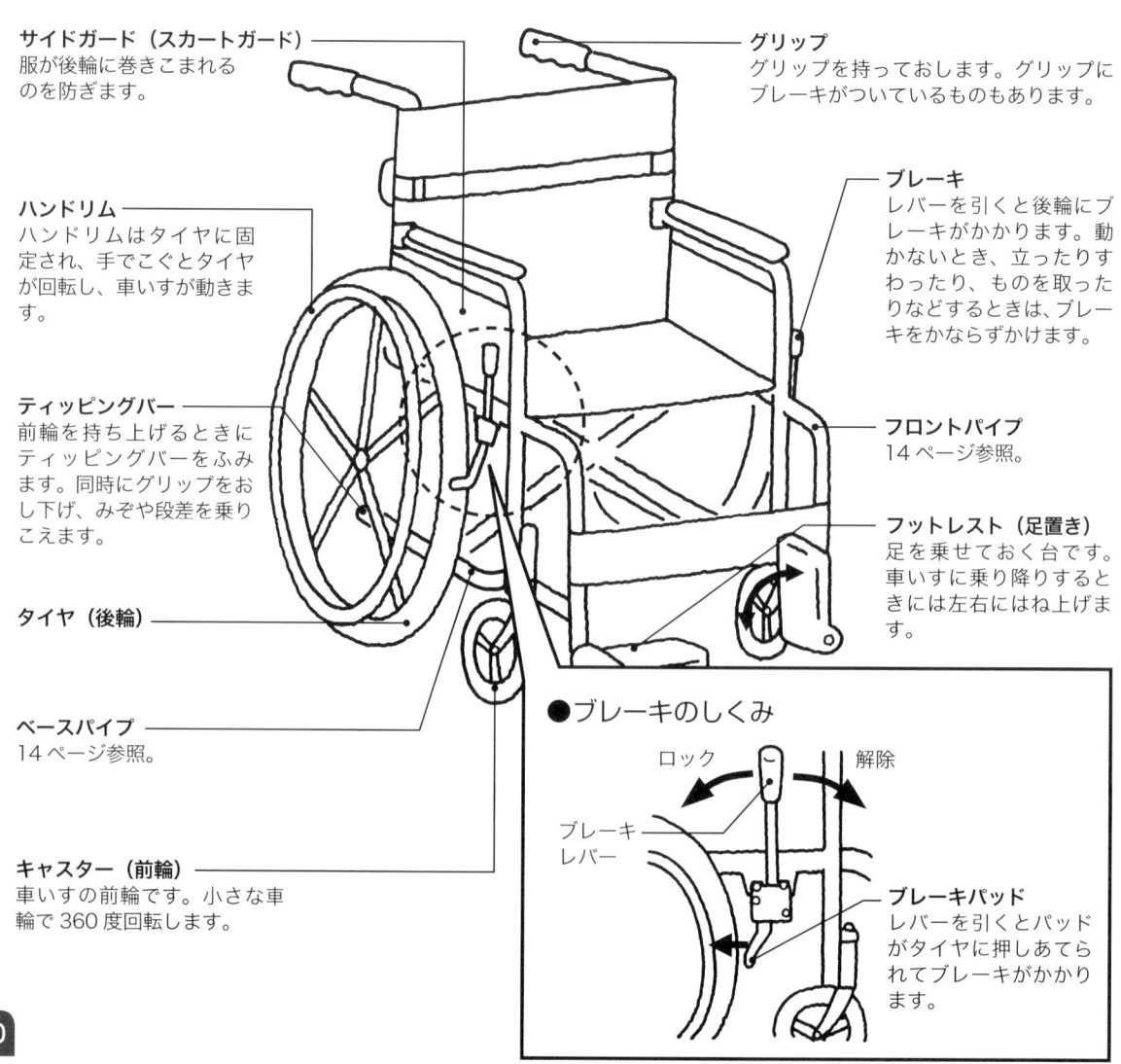

サイドガード（スカートガード）
服が後輪に巻きこまれるのを防ぎます。

ハンドリム
ハンドリムはタイヤに固定され、手でこぐとタイヤが回転し、車いすが動きます。

ティッピングバー
前輪を持ち上げるときにティッピングバーをふみます。同時にグリップをおし下げ、みぞや段差を乗りこえます。

タイヤ（後輪）

ベースパイプ
14ページ参照。

キャスター（前輪）
車いすの前輪です。小さな車輪で360度回転します。

グリップ
グリップを持っておします。グリップにブレーキがついているものもあります。

ブレーキ
レバーを引くと後輪にブレーキがかかります。動かないとき、立ったりすわったり、ものを取ったりなどするときは、ブレーキをかならずかけます。

フロントパイプ
14ページ参照。

フットレスト（足置き）
足を乗せておく台です。車いすに乗り降りするときには左右にはね上げます。

●ブレーキのしくみ
ロック　解除
ブレーキレバー
ブレーキパッド
レバーを引くとパッドがタイヤに押しあてられてブレーキがかかります。

② 平らな道でおす

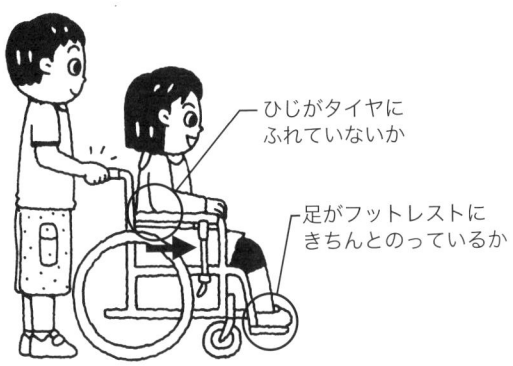
- ひじがタイヤにふれていないか
- 足がフットレストにきちんとのっているか

じゃ、出しまーす

①安全を確認し、車いすの後ろに立ち、グリップをしっかりにぎります。ブレーキをはずしてもらいます。

②進むことを伝えてから、車いすに乗っているひとのつま先より先の方を見るようにしてゆっくりと進みます。

平らな道だと思っても、車いすをおすと大きなでこぼこに感じたり、急な坂のように感じたりします。

③ でこぼこ道でおす

上げまーす

①前輪を上げることを知らせてから、ティッピングバーをふみます。

②同時にグリップをおし下げて前輪を上げます。

③前輪を地面に下ろすときは、ティッピングバーをふみながらそっと下ろします。

側溝にはめられた格子のふたの上や、じゃり道、芝生（しばふ）、砂浜などでは、前輪がはまりこんで動かなくなってしまうことがあるので、前輪を上げてタイヤ（後輪）だけで進みます。

アドバイス

　車いすに乗っているひとの障害の程度はさまざまです。サポートが必要なひともいれば、ほとんど自分で何でもできるひともいます。状況によっても必要なサポートはちがいます。こまっているようすを見かけたら、まずは声をかけてみましょう。

　話しかけるときは、立ったままではなく、しゃがむなどして目の高さを合わせます。そして、サポートを必要としているのかそうでないのか、どんなサポートを必要としているのかをたずねます。

　声をかけてみたら、「だいじょうぶです」とことわられるかもしれません。そんなときには、明るく「わかりました。では、お気をつけて」と答えましょう。サポートはしなくても、あなたのやさしい気持ちは伝わり、声をかけられたひともあたたかい気持ちになるでしょう。

　車いすはそれに乗っているひとにとってはからだの一部です。車いすをおすときには、命を乗せているということをわすれないようにしましょう。

3 坂道や段差のあるところで車いすをおすとき

　サポートが必要な場面は、平らな道やでこぼこ道だけではありません。ゆるやかな坂やわずか数センチの段差などでも、車いすのひとは落車や転倒などの不安や危険を感じています。車いすのひとが坂道や段差を通ろうとしているときには、積極的に「お手伝いしましょうか？」などと声をかけましょう。

　ただし、坂道や段差などでは、相手の体重と車いすの重さがまともにかかりますから、「重そうだな」「ちょっとこわいかも」と感じたら、無理をしないことが大事です。

　サポートすることになったら、坂道や段差では、かならず「坂道を下ります」「段差をこえます」などと声をかけます。なにもいわずに急に向きを変えたり、段差をこえたりすると、乗っているひとは対応できずに落車したり、バランスをくずして車いすごと転倒したりしてとても危険です。

1 坂道を上る

●ゆるやかな上り坂

●急な上り坂

平らな道と同じように、進行方向に前向きに進みます。

坂が急なときには、からだを少し前にたおしてグリップをからだ全体でおすようにし、おしもどされないように力を入れながら、ゆっくり一歩一歩上ります。

2 坂道を下る

●ゆるやかな下り坂

●急な下り坂

進行方向に前向きに進みます。スピードがつきすぎないように、手前に引っぱり上げるようにしながら下ります。必要ならばブレーキをかけながら下ります。

急な下り坂の場合は、進行方向に後ろ向きになって下ります。前向きに下ると、車いすに乗っているひとが落車してしまったり、スピードをおさえきれなくなったりすることがあります。両腕に力を入れ、重みをからだ全体で受け止めるようにしてゆっくり下ります。つねに背後の安全を確認します。

3 段差を上がる

①ティッピングバーをふみ、グリップをおし下げてキャスター（前輪）を持ち上げます。

②そのまま前へタイヤ（後輪）が段にあたるところまでおします。このとき、フットレストや車いすに乗っているひとの足が段に当たらないよう注意します。段の上に前輪をおろします。

③段の角を支点にして、からだ全体を使って車いすを前へおし、タイヤを段の上に持ち上げます。

4 段差を下りる

①進行方向に対して後ろ向きになります。段差の角を支点にして、タイヤをゆっくりと下ろします。

②ティッピングバーをふんで前輪を持ち上げます。そのまま後ろに引きます。

③フットレストや車いすに乗っているひとの足が段に当たらないところまで後退したら、ゆっくりと前輪を下ろします。

5 段差の上がり下りは慎重に

●状況を伝える

段差の手前で段差を上がる（下りる）ことを伝えます。どのくらいの高さの段差なのかも伝えると安心します。

アドバイス

つねに安全を確認します。小さな段差だからと、平らな道でおすようなスピードのまま力まかせに段差を上ろうとすると、前輪が引っかかりバランスをくずすことがあるだけでなく、乗っているひとのからだに負担がかかり、落車や転倒することもあります。段差を下りるときもおなじで、いっきに下りるのはとても危険です。段差の前ではスピードをゆるめ、落ち着いてゆっくりと下りるようにします。

4 車いすで階段やエスカレーターを上るとき・下りるとき

　車いすで移動するひとがかならずサポートを必要とする場所があります。階段やエスカレーターです。階段では、数人で車いすごと持ち上げ、目的の階まで連れていきます。エスカレーターでは、転落防止にだれかがつきそいます。最近は、電車の駅などの公共施設ではエレベーターや専用の昇降機がかなり整えられてきましたが、学校などではまだまだ不十分です。車いすのひとにとっては、マンションやビルの入り口などでよく見かけるほんの2、3段の階段でもたいへんな障害になるのです。

　階段やエスカレーターの前でこまっているひとを見かけたときには、ぜひサポートしましょう。ただし、階段やエスカレーターでのサポートは、するほうもされるほうもおたがいに危険がともないます。むりのない範囲でおこなうことが大切です。何度か車いすだけで練習してみましょう。

1 まわりのひとにも手伝ってもらう

　車いすを持ち上げるには、おとな3、4人の力が必要です。また、転倒、転落の可能性があり、車いすに乗っているひとだけでなく、サポートする側にも危険がともないます。子どもだけでサポートせず、駅なら駅員に、お店なら店員に、町のなかなら近くのおとなに、手伝ってもらいます。

2 車いすを持ち上げる

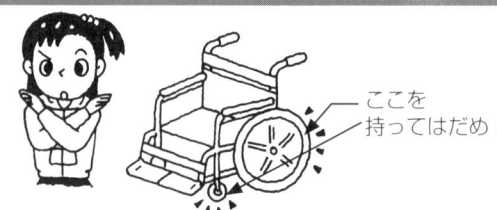

ここを持ってはだめ！

①ブレーキをかけます。
②4人で持ち上げる場合は、車いすの前後左右につきます。3人の場合は前2人、後ろ1人にします。
③前の2人は、ベースパイプとフロントパイプの中ほどを持ち上げます。
④うしろの2人（3人の場合は1人）はハンドグリップを持ち上げます。
⑤乗っているひとの転落をふせぐため、階段を上がるときは前向きに、下りるときはうしろ向きで進みます。

③ 車いすの傾きに注意する

車いすに乗っているひとの体重が背面シートにしっかりとかかるように車いすの前方をほんの少し高くします。左右のひとは同じ段に足をおき、車いすが左右に傾かないようにします。サポートするひと同士で声をかけ合いながら上り下りするとよいでしょう。

④ サポートに向かない服装

●ヒールの高いくつ　　●サンダル　　●たけの長いスカート

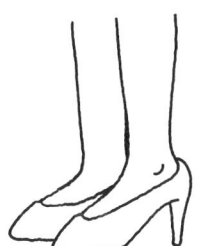 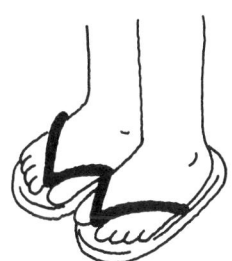 

かかとの高いくつやサンダルなど、不安定でぬげやすいくつは、足をねんざしたり、転倒したりする危険があります。また、たけの長いスカートをはいている場合も、足の自由がきかず、転倒の危険がありますので、サポートには不向きです。自分の服装がサポートに適しているかどうかたしかめましょう。

⑤ エスカレーターで上る・下る

●上り
①エスカレーターの手前で前輪を上げて前向きに乗りこみます。
②乗ったら、ティッピングバーをふみながらゆっくり前輪を下ろします。
③ステップが階段状になり出したら、一段上の角にタイヤをおしつけます。
④降り口の手前でステップが平らになりだしたら、ティッピングバーをふんで前輪を上げます。
⑤前輪が床面とエスカレーターとのつぎ目をこえたら前輪をゆっくり下ろし、前に進みます。

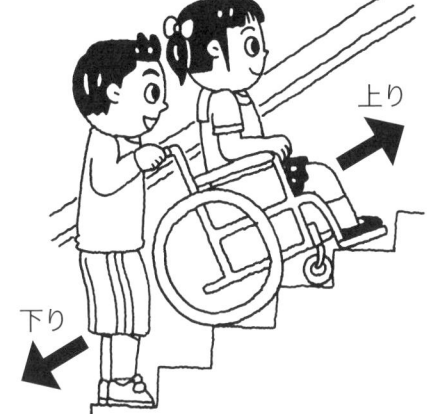

●下り
①エスカレーターの手前で前輪を上げて車いすを後ろ向きにして乗りこみます。
②ステップが階段状になり出したら、一段上の角にタイヤをおしつけます。
③降り口の手前でステップが平らになりだしたら、ティッピングバーをふんで前輪を上げます。
④前輪が床面とエスカレーターとのつぎ目をこえたら前輪をゆっくり下ろします。
⑤半回転して前向きで進みます。

5 車いすにひとを乗せるとき

　車内に車いす用のスペースがある列車が増えてきました。町を走るバスにもリフトがつくようになってきました。列車やバスに乗り降りするたびに車いすから降りなくても移動できるようになりつつあります。

　しかし、朝起きるときや夜ねるとき、トイレにいくとき、ふろに入るときなどは、どうしても車いすの乗り降りをしなければなりません。体力があるひとならば、苦もなく乗り降りしてしまいますが、車いすは高齢者やケガをしたひともつかいます。そのため、そうしたひとびとに対しては、乗り降りの際にサポートが必要です。

　車いすの乗り降りは、サポートのしかたをまちがうと、車いすに乗っているひとも、サポートするひとも、大けがをする危険があります。車いすにひとを乗せるときに注意することを紹介します。

1 日常生活で車いすの乗り降りが必要な場面

●ベッドから車いすへ

●車いすからトイレへ

●車いすから自動車へ

ベッドから車いすにじぶんで移動できれば、生活の範囲が広がります。また、朝に起き、夜に寝るといった生活のリズムもつくれるようになります。

トイレで用を足すときには車いすから便座に乗り移らなければなりません。

自動車を運転するひとは、運転席にすわるときに、車いすから降りて移動しなければなりません。

2 乗り降りのサポートのしかた

●立位移乗（りついいじょう）

●座位移乗（ざい）

●持ち上げ移乗

　車いすに乗ったり、車いすから降りたりすることを「移乗」といいます。①立位移乗、②座位移乗、③持ち上げ移乗の3つの方法があります。これまでは立位移乗が多くおこなわれてきましたが、サポートするひとの負担が大きく危険なため、最近では、負担が少なく安全な座位移乗が増えています。

③ ベッドからの座位移乗をサポートする

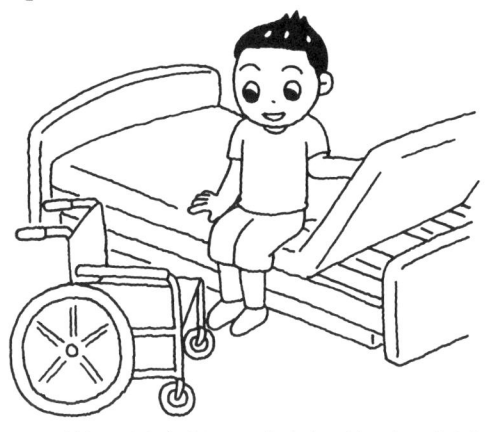

①ベッドに対して30度ぐらいの角度をつけて車いすをおきます。
②車いすのブレーキをかけ、ひじかけをはずし、フットレストを上げます。
③ベッドより車いすの座面のほうがやや低くなるようにします。

④片ひざをついてすわり、相手のうでを首にまわしてもらいます。

⑤板（トランスファーボード）があるときにはベッドと車いすのあいだに渡し、相手のおしりを乗せます。
⑥じぶんは相手のわきの下とこしに両うでを回し、片足で車いすが動かないようにおさえます。

⑦相手をすわったままの姿勢でトランスボードの上をすべらせて、車いすにすわらせます。

④ 事故に注意！

車いすの乗り降りは、不安定な姿勢になるので、大きな事故やけがにつながる可能性があります。十分に注意して安全にサポートすることが大切です。

アドバイス

車いすのひとにとって、からだをだれかにあずけるのはとても不安なことです。目の高さを合わせ「さあ車いすに乗りますよ」「かかえますよ」「どこか痛いところないですか？」などと声をかけます。相手の返事を聞くだけではなく、表情もたしかめ、十分にコミュニケーションをとりながらサポートしましょう。

サポートする側の負荷が大きくなりすぎると事故につながります。ベッドに手すりや移動用のリフトをつけるなど、サポートしやすい環境を積極的に整えるとよいでしょう。

6 義手・義足・装具について

　事故や病気などで、手足をなくしてしまう人がいます。うしなった手や足の代わりに装着するのが義肢です。義肢のうち、手やうでの代わりをするものを義手、足や脚の代わりをするものを義足といいます。ほかに、装具があります。装具は、不自由な手足の動きを助けるためにつけるものです。装具をつけることにより、動きを回復したり、おぎなったりすることができます。
　義肢や装具は、車いすなどにくらべると目にする機会は少ないかもしれません。そのため、義足や義手などを見せると「気持ち悪い」という子どももいます。
　しかし、義手や義足などをつけることで、からだの上下・左右のバランスを取りもどすことができ、生活しやすくなるだけでなく、スポーツの世界に復帰したりすることもできます。肢体不自由者にとってはとても大切な道具なのです。

1 義肢の種類

●殻構造の義肢

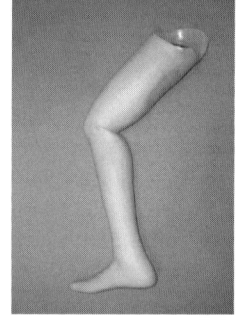
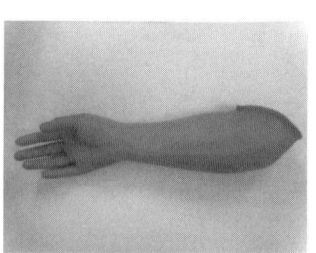

●骨格構造の義肢

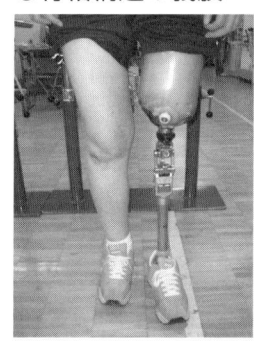
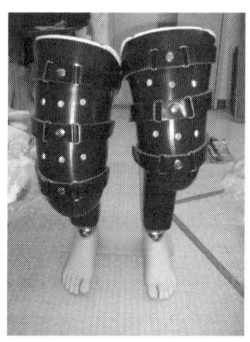

　義肢は、プラスチックや木、アルミニウム、革、ゴムなどでつくります。「殻構造」と「骨格構造」の2種類があります。重さはもとの手足の3分の1から4分の1くらいと軽く、動かしやすくなっています。使用目的や使用年数、切断した場所などによって、どちらの構造にするか、どんな素材や形にするかを決めます。

2 義肢のしくみ

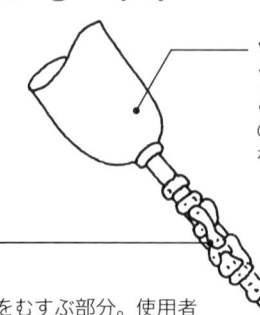

ソケット
ソケットは、切断された手や足の残りの部分（＝断端）と義肢をつなぐ部分です。体重を支えたり、義肢の動きの方向や強さを伝え、義肢が当たる地面や物からの感覚を断端に伝える重要な役割を果たします。

支持部
断端部と足部・手先具をむすぶ部分。使用者の体格に合わせて、長さが決められます。また、目的とする運動に合わせて強度が決められています。

足部・手先具
義肢のいちばん先で、地面やものと接するところです。目的とする運動に合わせて、素材や形が決められます。たとえば、料理などをするときにはフック型の手先具をつかいます。

　義肢は「ソケット」「支持部」「足部または手先具」の3つの部分からできています。

③ 義肢でできること・できないこと

●ひざよりも下の部分で切断した場合

義足をつけることで階段をゆっくりと交互に上り下りすることができます。

●ふとももで切断した場合

一段ずつ足をそろえて上り下りしなくてはなりません。

●フック型の義手

フック型の義手をつけることで、なべなどをもって料理をしたり、文字を書いたりすることができるようになります。しかし、はり仕事などの細かい作業はできません。

④ 装具の種類

●脚用の装具

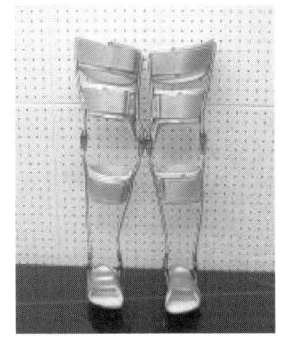

●うで用の装具

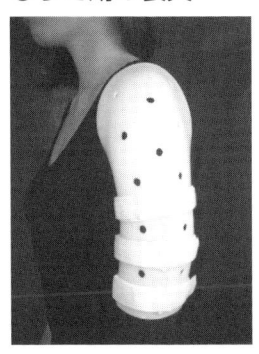

●手首用の装具

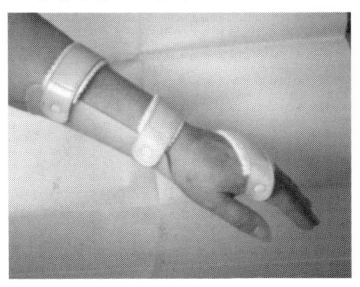

装具は、けがや病気などで弱くなった部分を固定して、それ以上悪くなるのを防ぐためにつかわれます。装具をつけてリハビリをすることで、患部を守りながら回復をめざすことができます。十分に回復すれば、装具ははずすことができます。

⑤ 義肢や装具をつかっているひとを見かけたら

階段を上り下りするときなどはバランスをくずしやすいので、動きがゆっくりになります。せかしてはいけません。また、ぶつかるととても危険です。近よりすぎないように気をつけましょう。

義肢は基本的にはそれ自体の重さで動きのバランスがとれるように設計されています。重い荷物を持っているようなら、「持ちましょうか」とひと声かけましょう。

7 街を観察してみよう

　この章では、手や足に障害のあるひとに対して、一人ひとりができるサポートのこつについて解説してきました。

　しかし、障害のあるひとが日常生活をおくるのに、そのつどだれかにサポートしてもらわなければならないとしたら、それはほんとうにくらしやすいといえるでしょうか？　障害があってもふつうにくらしていけるしくみを、社会全体として整えていく必要があります。

　最近、駅や店、そのほか公共機関、交通機関などで、手や足に障害のあるひとたちが生活しやすいくふうが増えています。

　しかし、地域や場所によって、整備の進み具合には大きな差があります。あなたの街はどんなひとにもやさしいでしょうか？
　街に出て障害のあるひとの目線で問題点やくふうをさがしてみましょう。

1 問題を見つけてみよう

●入口のせまいトイレ

間口がせまく、車いすの高さに手洗いもあり、車いすでは入りづらい。

●幅がせまくかたむいた歩道

歩道の幅がせまく、車道に向かってかたむいている。さらに電信柱まで立っていて、いっそう危険。

●建物入り口の階段

ビルの入口。2階へは階段しかなく、車いすで上がるのは不可能。

●歩道をふさぐ自動車や自転車

自動車や自転車が歩道をふさいでいる。車いすは車道に出ざるを得ないが、交通量が多くとても危険。

　つえや車いすで移動するひとの目線で見てみると、街にはまだまだ危険で不便なところがたくさんあります。

2 街のくふうをさがそう

●多目的トイレ

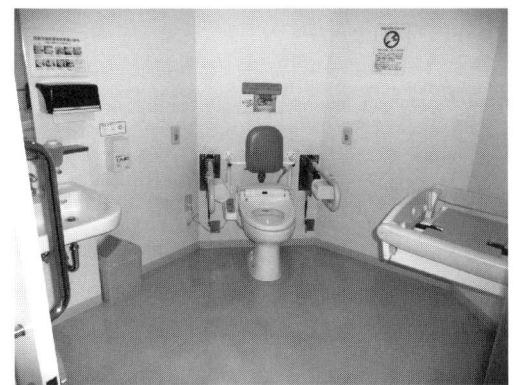

広い間口で、スペースもゆったり。手すりもついている。

●公共施設の入り口

身体障害者用の駐車スペースが、入り口のすぐ近くに広くとられている。

●スロープ

病院にある車いす用のゆるやかなスロープ。

●職員の呼び鈴

公共施設の横に設けられたスロープ。やや急な坂だと思ったら、下にブザーがあり「呼ぶと職員がくる」とのこと。

●自動改札

車いす用に低く、広くつくられている。すぐ横にはエレベーターのドアも見える。

アドバイス

　街の中で見られる障害のあるひとにやさしいくふうは、障害のないひとにとってもやさしいものです。たとえば、車いす用のスロープは、お年寄りや小さな子も歩きやすく、ふだんは多くの人が便利につかっています。この本の中に何度も出てくる「ユニバーサルデザイン」の考え方です。

　街をだれにとってもやさしいものにすることは「読者のみなさまへ」で紹介したICFの実践でもあります。

　こうした整備の取り組みに、わたしたちのやさしいこころづかいが合わさって、真にやさしい街づくりが進むのです。

体験しよう1 車いすを運転してみよう

　安全に車いすをおすためには、サポートするひとが車いすの特徴をよく知っていることが大事です。そこで、車いすを運転し、車いすに乗るひとが苦労する場面を体験してみましょう。

　車いすに乗るときには、まず、タイヤ（後輪）に十分空気が入っていることを確認しましょう。タイヤの空気がぬけていると抵抗が大きくなって、進むのによけいな力が必要になります。

　つぎに座面シートがたわんでいないかを確認して、できるだけふかくすわります。

　すわる位置が悪いと車いすをこぎにくく、からだに負担がかかって疲れやすいだけでなく、転倒などの危険があります。

　まずは、ただしい姿勢でこぐ練習をしましょう。そして、十分に安全に注意しながら、つぎにあげる場面に挑戦してください。運転しづらい場所が予想以上に多いことがわかるでしょう。

1 車いすに乗りうつる

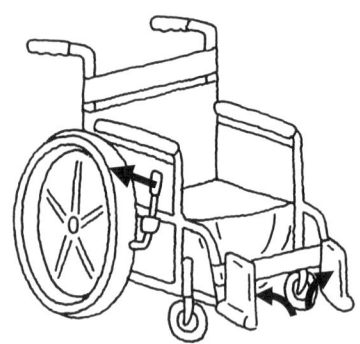
①車いすをじぶんに向けてななめにおきます。
②ブレーキがかかっていることを確認します。
③ステップを上げます。

④右のひじかけを左手で、左のひじかけを右手でしっかりもって、座面シートにあさくこしかけます。
⑤足を軸としてうでの力でからだの向きをぐるりと変えて乗るようにします。

⑥うでの力だけでふかく腰かけ直します。
⑦片方ずつステップを下ろして、その上に足を乗せます。

2 まっすぐに進む・左右に曲がる

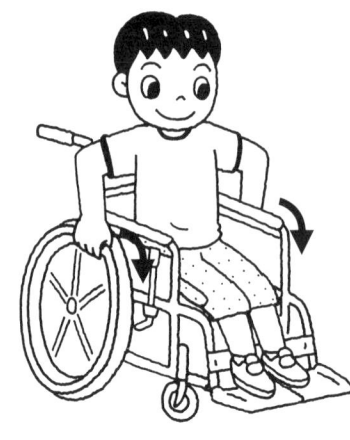

背筋がまがっていたり、からだが前のめりになっていたりすると、むだに力が入ってしまい、からだに負担がかかります。

①背筋をまっすぐのばし、リムを両手でにぎります。
②ひじをしっかり引きます。手はからだの横、ひじはからだより後ろにまげます。
③そのまま両うでがまっすぐになるようにリムを前へおし出すようにします。
④両うでがまっすぐになったら、力をぬきます。これをくり返すとまっすぐに進むことができます。
⑤左右に曲がりたいときは、片方のうでをつかいます。右に曲がるときには、左のうででリムを前におし出すと右のタイヤだけが回転して曲がることができます。

③ 坂道を上る

坂道を上るには、想像よりずっと力が必要なことがわかります。

①平らな道のときより力をかけて、リムをゆっくりと前へおし出します。
②リムから手をはなした後は、すばやくひじを引き、リムをおさえます。

④ 段差を上がる

歩くひとには気にならない2、3センチほどのわずかな段差でも、車いすではガタンと衝撃を感じます。前につんのめって車いすから落ちてしまうこともあります。

段差に対して後ろ向きに上がります。

⑤ みぞを通過する

ななめに進むと、前輪がみぞにはまってしまい、ぬけられなくなることがあります。

細いみぞやふみ切などを渡るときには、みぞに対して直角に進むようにします。

⑥ 上にあるものを取る

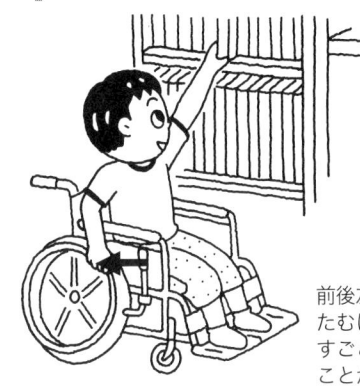

前後左右にからだをかたむけすぎると、車いすごとたおれてしまうことがあります。

①ブレーキをかけ、車いすが動かないようにします。
②すわったままからだをまっすぐ上にのばして取りましょう。

⑦ 蛇口から水を飲む

車いすに乗ったまま、洗面所で手を洗ったり水を飲んだりする場合、足もとがあいていないと、蛇口に手がとどかず、とてもたいへんな思いをします。

⑧ 落としたものをひろう

下にあるものはなかなかひろえません。車いすに乗っていると、からだを前にかたむけると前へ、横にかたむけると横へ車いすごとたおれてしまうからです。

クラスに身体障害の友だちがいたら

体験しよう 2

　クラスに身体障害の友だちがいたら、どうしたらいいでしょう。

　基本的に知っておきたいのは、健常児（障害のない子）がいるクラスで学ぶことのできる身体障害の友だちは、学校生活のほとんどを、健常児と同じようにできると判断されているということです。

　ですから、学校生活のほとんどは、健常児と同じように行動できるのだと考えましょう。あまり気をつかいすぎて、なんでも手伝ってしまうようなことはさけたいものです。

　それでも、なかには不便なことやできないこと、そして悩んでいることもあります。それをわかっていないと、なにげないひとことで傷つけてしまったり、ひとりぼっちだと思わせてしまったりしてしまうかもしれません。ここでは、身体障害のある友だちとの接し方を考えましょう。

1　少しのくふうでみんなといっしょにできる

そうじ当番だってできるよ。重いものは持てないけど、ほうきでゆかをはくことはできるんだ

ろう下なら広いから、わたしもみんなといっしょに給食を取りにいけるわ

ぼくはからだをひねるのが苦手。でもいちばん後ろの席だから、プリントを後ろにまわさなくていいんだ

休み時間。ドッジボールはできないけど、キャッチボールならできるよ

　からだに障害がある友だちでも、まわりがほんの少しくふうすれば、みんなといっしょにいろいろなことができるようになります。

2 勉強のおくれはみんなでカバーしよう

長く入院していて勉強がおくれてしまったけど、みんなと宿題ができるので楽しいな

　障害のために長いあいだ病院に入院しなければならないこともあります。そんなときは、みんなでノートをとって届けたり、宿題をいっしょにしたりしてあげるとよいでしょう。

3 さみしい気持ち、こわい気持ちを理解しよう

ぼく、がんばったんだけどな〜。負けちゃったよ

すごかったよ。さいごは見ていて、どきどきしちゃった

入院していたとき、手術とかこわくなかった？

それはこわいな〜。えらいな〜

うん、やっぱりこわかったよ。だって…

　身体障害の友だちは、ひとりでさみしい気持ちになったり、障害のことをこわく思ったりします。でも、みんながそんな気持ちに共感すれば、そうした気持ちもずっと少なくなります。

4 傷つけてしまったときはすぐにあやまろう

手術こわくなかった？

……

ごめんね

　相手がいやがるようなら、「ごめんね」とあやまってすぐに話題を変えます。それでも、相手に関心をもって、仲よくなろうという気持ちは伝わります。

アドバイス

　学校で身体障害の友だちと楽しく、なかよくすごすためには、教室にあるいろいろなものの配置や、授業中の約束ごとなどを必要に応じて変えることが大切です。

　身体障害の子どもにやさしい方法は、健常児にとってもよいものであることが多いものです。

　がまんさせるのではなく、子どもたちのアイデアを引き出して、みんながむりなく楽しくすごせる方法をさがし出してみましょう。

体験しよう 3 家族に身体障害のひとがいたら

　本間篤史さんはスキーの練習中にころび、むねから下が動かなくなる大けがをしてしまいました。

　長い入院生活の後、自宅にもどって生活をすることになりましたが、いまも動かせるのはうでとかたまでで、手の指や胴体、足を動かすことはできません。

　ですから、けがをする前までと同じように生活していくことはできません。そこで本間さんは、退院に合わせて家族とともににさまざまなくふうをして、自宅と職場にもどりました。

　だれでも障害者になる可能性があります。むしろ、時代とともにその可能性はどんどん高くなっています。

　本間さんの例を参考にして、もし家族に身体障害のひとがいたら、どのようなくふうが必要なのかを考えてみましょう。

1 家のつくりをくふうする

●ろう下

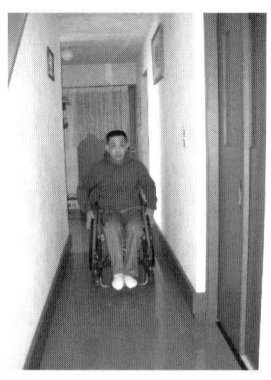

車いすが通れるように広めのろう下。

●玄関

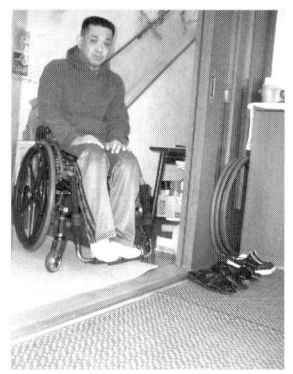

広く段差のない玄関。室内用の車いすに乗りうつりやすい。

●トイレ

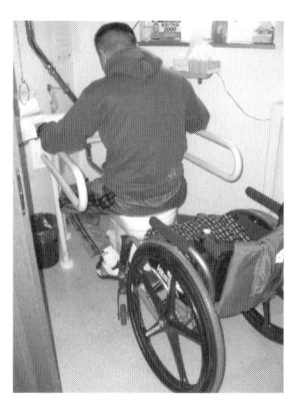

広く、手すりのついたトイレ。

●お風呂

車いすからスムーズに移動できるように、車いすのシートと同じ高さまで床が上がったお風呂。

　本間さんの家には、生活しやすくするためのたくさんのくふうがあります。

2 ものの形をくふうする

●タンスの取っ手

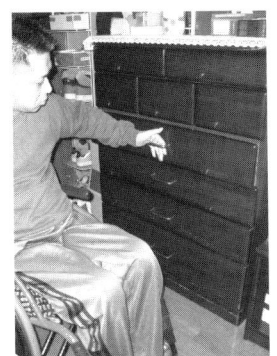

手をスポッと入れて引き出せるようになったタンスの取っ手。

●自動車のアクセル・ブレーキ

ブレーキとアクセルを手で操作できる自動車。

●スプーン

食事のとき便利な先割れスプーン。

●コンピュータ

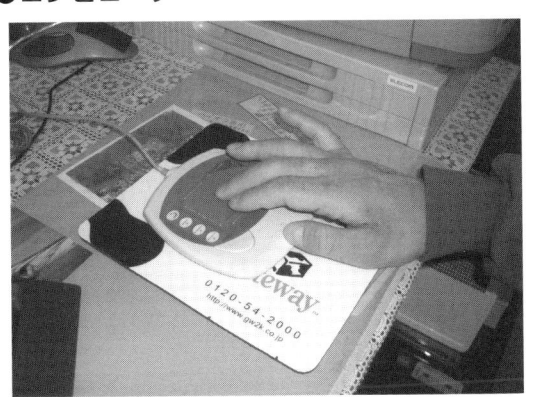

マウスのかわりにタッチパッド式の入力装置。キーボードは親指で打つ。

　家だけでなく、生活用品など、ふだんからつかうものにもたくさんのくふうがされています。これらのものは医師やケースワーカーなどと相談して、専門の店で買います。

アドバイス

　本間さんの家族は、本間さんの生活をあまり手伝いません。けがをする前とおなじように、できるだけ自立して生活することを大事にしているためです。しかし、本間さんがひとりではできないことは、家族が自然にサポートしています。たとえば、くだものの皮をむいたり、高いところにしまってあるものを取ったりといったことは、家族がサポートします。

　全盲の佐々木紀夫さんは、朝起きてから出かけるまで、ふとんをたたむ、顔を洗う、ひげをそる、食事をする、トイレにいく、着がえるなど、ほとんどのことをひとりでしてしまいます。そして、毎日盲導犬とともに元気に家を出ます。たったひとつ奥さんにたのんでいることは「その日のネクタイを選んでもらう」ことです。

　このように、あなたの家族のだれかが事故や年をとるなどして身体障害者になったとしても、くふうしだいで、障害を負う前とおなじように、家族としてそれぞれが自立した生活をおくることができるのです。

【コラム】つかえるところをすべてつかって生きる

　健常者は、障害者をじぶんたちより能力的におとった「かわいそう」なひとであると思いこみ、サポートするつもりで「半人前あつかい」してしまいがちです。しかし、障害者はほんとうに「半人前」なのでしょうか？

■足で定期券を見せる

　バスに両うでのない男性が乗っていました。停留所が近づくと、かれは料金箱の方へ近づいていきます。

　「どうやって料金を支払うのだろう？」「口を使ってさいふを取り出すのかな？ そうなら、お手伝いできるだろうか」と思って近づきかけたとき、かれは料金箱の前で突然右のくつをぬぎ、足の親指と人差し指で、上着の左側の内ポケットからさっと定期券を取り出して運転手さんに見せたのです。

　運転手さんが確認すると、またさっと内ポケットに定期券をしまい、すばやくくつをはいてバスを降りていきました。あっという間のできごとで、後ろで待っていたひとは、ほとんど待たされることはなかったのでした。

■足や口で絵をかく

　手が不自由なひとのなかには、足や口で文字や絵をかくひともいます。

　星野富弘さんは、その代表的なひとりです。もともと体育の教師でしたが、指導中に肩から下が動かなくなる大けがをし、絵をかきはじめました。作品集の出版や、日本国内外での個展など、画家・詩人として活躍しています。

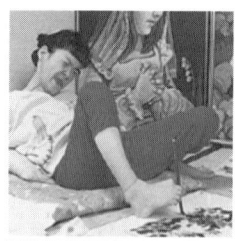

　また「口と足で描く芸術家協会」という団体があります。写真は、神奈川県の浦田愛子さんと宮崎県の黒木洋高さんです。浦田さんは足で、黒木さんは口でたくさんの作品を生み出しています。

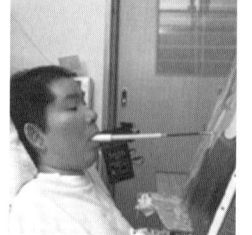

■うでだけで日常生活をこなす

　本間篤史さんは、スキーの練習中にむねから下が動かなくなる大けがをしてしまいました。うでとかたを動かすことはできますが、いまも手の指や胴体、足を動かすことはできません。

　しかし、着替えやお風呂など、日常のことはひとにたよりません。すべてのことをうでだけでこなすため、本間さんのうでは、スキー選手だったころよりも太く強くなっています。最近、チェアスキーでゲレンデに復活し、さらには車いすバスケットボールの試合にも出場しはじめました。会社でもほかのひととおなじようにはたらいています。

■自然にサポートし合う

　障害者は「つかえるところ」をすべてつかって自立した生活を送っています。かれらの前向きな気持ちや、身のこなしのたくみさ・力強さに感動させられます。

　子どもたちは障害のあるひとに対して「こわい」「気持ち悪い」といった気持ちを抱きがちです。しかし、じっさいに会って話を聞くうちに、そうした気持ちが「すごい」「強い」というように変わり、ほんとうに自然な形で障害者のサポートができるようになります。

　健常者と障害者がおたがいに尊重し合い、自然にサポートし合いながら、ともに生きていくことが大切なのです。

第2章
目に障害のあるひとを サポートする

　目に障害のあるひとを見かける機会は、手足に障害のあるひととおなじくらいあります。盲導犬（もうどうけん）も少しずつ普及して、見かけることが多くなってきました。第2章では、目の障害への理解と、具体的なサポートのしかた、さらには目に障害のあるひとのためのボランティアやスポーツなどについて学びましょう。

1 目に障害があるってどういうこと？

　多くのひとは、目に障害のあるひと（視覚障害者）のことを「生まれつき目が見えない」「まったく見えない」「点字を読むことができる」のだと思いこんでいます。

　しかし、じつは生まれつき目に障害のあるひとは、すべての視覚障害者の 4.5 パーセントしかいません。ほとんどが、病気や事故、あるいは年をとることによって目が不自由になった中途視覚障害者なのです。

　また、まったく、あるいはほぼ視力のないひと（1 級認定）の割合は 35.5 パーセントと少数派で、あとの 64.5 パーセントは「見えのよくない障害者」です。

　さらに、点字が読めるひとは全視覚障害者の 12.7％にすぎません。指先の感覚がするどく、点字をおぼえるのに適した時期（10 代）を過ぎてから障害が発生したために、点字を十分には学習できないことが多いからです。

1 目の障害はいろいろ

●いろいろな目の障害

全盲	まったく見えない
弱視	ものに顔がつくくらい近づけるとなんとか見える
視野狭窄	見える範囲（視野）がせまい
色覚異常	色の組み合わせが判別できない
盲ろう	見えと聞こえの両方に障害がある
鳥目	暗くなると見えにくくなる

　視覚障害者は、全国におよそ 30 万人いるといわれていますが、多くのひとはまったく見えないのではなく、その見えかたに障害があります。その症状はいろいろですが、弱視と視野狭窄がいちばん多いのです。

2 白杖や盲導犬が目のかわりになる

白くて細長いつえをついたひとを見かけたことがあるでしょう。そのつえを白杖といいます。白杖は視覚障害と認定されたひとだけが持つことが許されています。視覚障害者が道路やまわりの状況をたしかめるのにかかせない道具です。

盲導犬とは、視覚障害者の目となって、指示されたものをさがして教えたり、まわりのようすを伝えたりする訓練を受けた犬のことです。

③ 目の障害をめぐる誤解

● 「点字があるのだから、それを読めばいいのに」

点字がどこのあるのかは、だれかに手引きしてもらわないとわかりません。また点字を読めないひともたくさんいます。

● 「ほんとうは見えているんじゃないの？」

白杖をついているのにすたすたとまるで見えているように歩くひとがいます。専門的な訓練のおかげです。

● 「赤い看板がわからないってどういうこと？」

色の見分けが苦手なひとがいます。目印の場所などを赤とか青とか色で教えられてもわかりません。

● 「こんなこともできないの？」

生まれつき目に障害がある人は全体のわずか 4.5 パーセント。ほとんどのひとが途中で視力を失っています。すぐになんでもできるようになるわけではありません。

● 「悪いのは目のはずなのに声をかけても返事がない。なんで無視するの？」

目に障害があるだけでなく、聞こえに障害があるひともいます。盲ろう者といいます。

アドバイス

まったく見えない方ももちろん大変ですが、弱視や色覚障害なども日常生活では、とても不便な思いをすることが多いのです。

弱視で鳥目のひとは、雪が積もった道路で、歩道と車道の境目が分からずに車道に出てしまったり、まわりがうす暗くなってくると、急に立ちすくんでしまったりします。

目の障害の程度や細かな症状は、外からではなかなかわかりません。まわりのひとは、その動きを不思議がったりしがちですが、障害者には大変なことなのです。

2 色覚異常ってどういうこと？

　色覚異常とは、ものの色がほかの多くのひととはちがって見える症状です。

　以前は「色盲」「色弱」と呼ばれていました。そのせいか、色がまったくわからないひとのことだと思われがちですが、実際にはそのようなひと（全色盲）はごくわずかしかいません。

　もっとも多いのは、赤と緑の区別がつきづらい赤緑色覚異常で、日本では男性の20人に1人、女性の500人に1人、合わせて300万人近くいるとされています。

　色の見え方は、個人差が大きいことがわかっています。色覚異常といっても、その程度はひとりひとりちがいますし、色覚に異常はないとされるひとでも、見え方にはちがいがあります。

　そのため、そのひとの色の見え方の特徴という意味で、色覚特性というよび方をすることもあります。

1 色を感じるしくみ

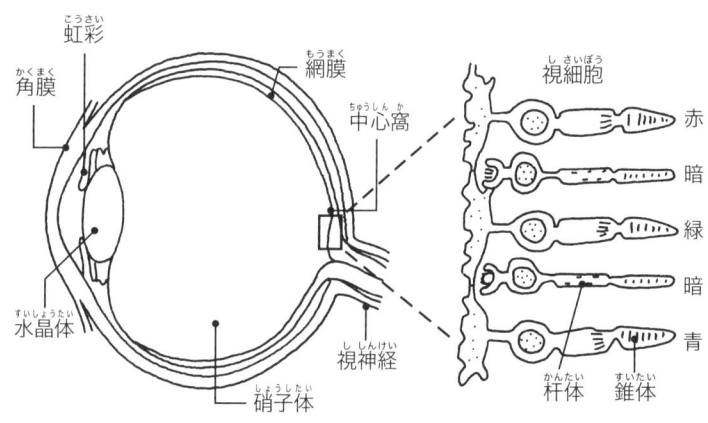

　ひとの目には明暗を感じる「杆体」と、色を感じる「錐体」との2種類の細胞があります。錐体は3種類あり、それぞれ赤、青、緑に反応します。杆体と3種類の錐体が複雑にはたらくことで、わたしたちはさまざまな色を感じることができます。

2 色はものの状態をあらわす大切な情報

信号	赤＝止まれ　黄＝注意　青＝進んでもよい
駅の電光掲示	白・黄色＝普通列車　緑＝準急列車　赤＝急行・特急列車
緊急避難場所や災害時の警戒区域などの色分け	赤＝避難場所　青＝大雨時洪水予想個所など
トイレの男女	青＝男性　赤＝女性
薬のカプセル	「毎食後、赤のカプセルを1錠、青のカプセルを2錠飲んでください」
地下鉄路線図	○○線は紫色　△△線は赤色　○○線は水色

　ふだんはあまり意識していませんが、わたしたちは色からさまざまなものの状態を読みとっています。色は大切な情報なのです。

③ 色覚異常のひとの色の見えかた

●色覚異常のひとの色の見えかた

錐体細胞			名　前		見　え　方	備　考
青	緑	赤				
○	○	×	1型2色覚	赤緑色盲異常	赤と緑が似て見える 症状の軽いひとが多く、その場合、日常生活ではほとんどこまらない	男性20人に1人、女性500人に1人 日本全体で300万人近い
○	×	○	2型2色覚			
×	○	○	3型3色覚	青黄色盲異常	正常色覚とほとんどかわらなく見える（正常色覚の人も青錐体は数が少ないため）	生まれつきの人はほとんどいないが、後から色覚異常になった人に多い
×	×	○	1色覚		色は識別できないが視力はよい	10万人から20万人に1人ととても少ない
×	○	×				
○	×	×				
×	×	×			色が識別できず視力も弱い	

④ 色覚異常のひとのためにできること

●見分けやすい色をつかう

教室や家庭などで、色覚異常のひとがいることがわかっている場合は、そのひとが見分けにくい色をできるだけつかわないようにします。

●色だけでものを示さない

標識（ひょうしき）などは色分けするだけでなく、形や文字や記号をそえるなどして、色にたよらなくても内容を理解できるようにくふうしています。

アドバイス

　色覚異常の歴史は、誤解と差別の歴史でした。とくに就職や試験のときに大きな不利となりました。また、「色盲」ということばがひろくつかわれ、「すべてが白黒に見える」と誤解されてきました。

　最近は、遺伝学などの発達によって、色覚異常とは病気や障害ではなく、多くの場合、見え方のちがいにすぎないとする考え方が広まってきました。くわえて、色覚異常のひとはすべての色をいつでもまちがえるのではなく、小さいものだったり、まわりが暗かったり、疲れていたりするときにまちがえやすいということもわかってきました。しかし、社会はいまだに色の見え方に関する多数派＝「正常色覚者」に有利にできています。

　そこで「色覚バリアフリー」や「カラーユニバーサルデザイン」という考え方が生まれました。たとえば、トイレの男女を表す絵文字の色を「水色（男）とピンク（女）」から「青（男）と赤（女）」にすると、色覚異常のひとにもより見えやすくなり、情報を正確に提供することができます。

※参考：http://jfly.iam.u-tokyo.ac.jp/color/index-j.html

3 目に障害のあるひとがこまっていたら

　音、感触、におい……。ひとはいろいろな情報を受けとって生活しています。健常者がいちばんたよりにしているのは視覚情報です。暗やみを歩くとき、わたしたちは不安と危険を感じます。よく見えないからです。健常者がまわりから受けとる情報の8割は視覚的なものだということがわかっています。

　目に障害のあるひとは、ひとりで歩くときにはいつも不安を感じていますし、実際に危険をともないます。全身の神経を集中し、まわりの状況を判断しながら歩きます。

　目に障害のあるひとがこまっているようすを見かけたら、声をかけ、サポートを申し出ましょう。声をかけられることは、とてもうれしく、助かることです。

　この項目では、目に障害のあるひとがどんな場面でこまることが多いか、どのように声をかけたらよいか考えましょう。

1 視覚障害者はこんなところでこまる

●駅のプラットホーム

駅のプラットホームは、視覚障害者にとってとてもこわい場所のひとつです。転落したり、電車と接触したりといった危険がつねにあります。

●横断歩道

道路の横断も危険です。わたるタイミングや横断歩道の位置がつかめず、自動車や自転車と接触する、障害物にぶつかる、路面の傾斜や段差で転ぶなどの可能性があるからです。

●はじめて訪れた施設

はじめて訪れた施設では、目的の場所がどこにあるのか、通路にものなどがはみ出ていないかがわからず、とても不安になります。ちょっとした段差や出っぱりも、事故につながりかねません。

●繁華街（はんかがい）

視覚障害者にとっては、音はまわりのようすを判断するためのたいせつな情報です。しかし、繁華街では、道を行き交うひとびとの声や、店先から聞こえてくる音楽など、大きな音がじゃまになり、判断がしづらくなります。

2 声をかけよう

●なにかお手伝いすることはありませんか？

いざ声をかけようとしても、どのようにかけたらよいか迷います。そんなときは「何かお手伝いすることはありませんか？」といってみましょう。相手にとって、助けの必要のないときには断りやすい声のかけ方です。

●そばまでいって相手に聞こえる程度の大きさで声をかける

声をかけるときは、そばまでいってから相手に聞こえる程度の大きさで声をかけます。大きすぎると相手がびっくりしてしまいます。張り切りすぎて大声にならないように注意しましょう。

●盲導犬の反対側から声をかける

盲導犬をつれているひとには、犬の気を散らさないように、犬とは反対側から声をかけます。

●盲導犬にさわらない

ハーネスには絶対にさわってはいけません。また、いくらかわいくても、仕事中の盲導犬には話しかけたり、さわったり、食べものをあたえたりしてはいけません。

3 「あっち」「そっち」では通じない

> このまま2分くらい真っ直ぐに歩くと信号があります。
> 信号を渡って少し歩いた最初の路地を左に曲がります。
> 路地はのぼり坂になっています。
> その坂を道なりにのぼり切った先が駅です。
> 5、6分でつきます。

視覚障害者に道を案内するときは「あっち」「そっち」などといっても通じません。頭のなかに地図をえがけるような説明が必要です。数字を入れたり、どこで曲がるのかなどをはっきりと説明するとよいでしょう。

第2章　目に障害のあるひとをサポートする

35

4 いっしょに歩いて手引きするとき

　目に障害のあるひとに、目的地までの道のりや目印になる建物の特徴などをことばで説明しようとしても、なかなかうまく伝わらないこともあります。
　そんなときは、目的地や近くまでいっしょに歩いてあげましょう。
　目に障害のあるひとにとって、目が見えるひとにいっしょに歩いてもらえることは、とても心強いことです。

　しかし、サポートのしかたがまちがっていると、反対に目に障害のあるひとの不安を大きくしてしまうこともあります。
　目に障害のあるひとといっしょに歩いてある場所へ案内したり、誘導したりすることを「手引き」といいます。
　この項目では、正しい手引きのしかたと、気をつけなければならないポイントを考えます。

1 手引きの基本

① 「なにかおこまりですか？」と声をかけます。
② サポートを必要としているとわかったら、白杖、あるいは盲導犬とは反対側の半歩前に立ちます。
③ 「わたしのひじを持っていただけますか？」と声をかけてから、相手の白杖を持っていないほうの手をとって、じぶんのひじを持ってもらいます。
④ 相手のペースに合わせ、ゆっくり歩きます。
⑤ ひじを通して相手のようすを感じます。ひじを持つ手に力が入っていれば不安がある証拠です。「この速さでいいですか？」などと聞いてみましょう。
⑥ 曲がるときは「（右に）曲がります」、止まるときは「（信号が赤なので）止まりますよ」、歩きはじめるときは「進みます」などと動きを声に出して伝えましょう。

2 こんな手引きは危険

● 白杖を引っぱる　● 背中をおす 　● 引っぱるように歩く 　● なにもいわずに急に方向を変える

　視覚障害者は、白杖の先に意識を集中させて歩いています。このような手引きでは、相手は歩くペースをみだされ恐怖を感じます。バランスをくずし、ころんでしまう危険もあります。

③ せまい道を歩く

手引き者は相手の前に出て手を後ろにまわし、一列に歩きます。

④ 電車から降りる

すき間があります。

ドアの前で立ち止まってすき間があることを伝え、電車を降りた後に足を置く位置を白杖でふれて示します。それからふたり同時に降ります。

⑤ 段差（階段）の上り下り

①段差の前で立ち止まって段差（階段）があることを伝え、段差の高さを白杖でふれて示します。
②手引き者が先に上がり（下り）ます。
③相手が立つスペースを考えて、相手が一段上がる（下りる）と同時に、手引き者は次の一段に上がり（下り）ます。

⑥ エスカレーターに乗る、エスカレータから降りる

①エスカレーターのステップに足を半歩だけかけ、つま先でエスカレーターの流れの速さを感じてもらいます。
②声かけをして、ふたり同時に乗りこみます。
③一列になるときは、手引き者は上りは相手の後ろに、下りのときは前に立ち、安全を確保します。相手には手引き者のベルトにふれてもらいます。
④相手につま先を少しあげてもらい、声かけをしながらすばやくエスカレーターを降ります。

アドバイス

スムーズに手引きするためには、とにかく相手に安心してもらうことです。「上りますよ」「すき間がありますよ。気をつけて」「もうすぐ着きますよ」「ちょっと白杖にふれますよ」など、しっかりコミュニケーションをはかりながら歩きましょう。

また、相手に左右どちらの手で、手引き者のどちらのひじをつかんでもらうかも、相手の安心感を最優先して決めます。手引き者の身長が低いときには、ひじよりも肩をもってもらうほうが楽な場合があります。

5 ものの場所を知らせるとき

　目に障害があるということは、生活のあらゆる場面で不安や危険、困難がともなうということです。

　たとえば、食事をするには、なにがどこにどんな状態で置かれ、はしやスプーンなどの食器類、しょうゆやドレッシングなどの調味料がどこにあり、調味料はどこにどのくらい入れるのかがわからなければ食べられません。

　外出先でトイレにいきたくなり、トイレの前までだれかに案内してもらうことができたとしても、和式か洋式か、便座の位置や向きはどうか、水洗レバーやトイレットペーパーはどこについているか、などがわからなければとてもこまってしまいます。

　目に障害のあるひとにとって、ものの場所を正確に知ることはとても重要なのです。この項目では、ものの場所を知らせるためのポイントをあげます。

1 クロックポジション

　3時のところにサラダがあります。
　9時のところにはハンバーグがあります

　ものがあることを知らせるときには、「なにがあるか」と同時に、「どこにあるか」を知らせます。ものの位置を知らせるには、時計の文字盤にならった「クロックポジション」が便利です。顔の正面おくを12時、手前を6時、右手を前方にのばしたところを3時というように表します。

2 ものにふれながら説明する

　ことばで説明しただけでは正確な位置がわかりません。相手の手をとって、じっさいにものにふれてもらいます。「ここに○○があります」「持ち手はここです」と具体的に伝えます。スープなど熱いものがあるときには、持ち手にふれてもらいながら「熱いので気をつけてください」とひとことそえます。取り皿に料理を取りわけるときは、皿をおなじ場所にもどします。ちがう場所にもどすときは、皿を置いた場所をもう一度知らせ、あらためて確認をします。

③ トイレをつかうとき

④ いすにこしかけるとき

①便器の形と向き
②水洗の形式と位置
③ペーパーの位置
④かぎのかけ方
⑤荷物置きの位置
⑥汚物入れの位置
⑦洗面台の位置とつかいかた
⑧タオルの位置

トイレを使うときには、上の6つのことを知らせます。

視覚障害者は、いすにこしかけることに不安を感じます。失敗すればころんでけがをする危険があるからです。手をとって背もたれや座面をさわってもらうと、視覚障害者は安心します。

⑤ 区別をつけやすいようにくふうをする

●つかったものはもとの場所にもどす

つかったものはもとにもどす習慣をつけましょう。少しでも動かしてしまうとさがすのに苦労します。いつもとちがう場所に置いたときには、それを伝え、さわってたしかめてもらいます。

●印をつける

おなじような形で区別がむずかしいものには印があるとべんりです。本人と確認しながら、点字シール、タグ、輪ゴム、糸、ボタンなどをつけます。

⑥ 障害者自身のくふう

●くつをぬいだとき

くつをぬぐときは、洗たくばさみで両方をはさんでおきます。目印になり、じぶんでさがすことができます。勝手に位置をずらさないようにしましょう。

●衣類は立ててしまう

おなじところにちがう種類のものを入れるときには、衣類は重ねずに、立ててしまうと取り出しやすくなります。たて・よこのむきをかえると目的のものを見つけやすくなります。

第2章 目に障害のあるひとをサポートする

6 盲導犬と歩いているひとを見かけたら

　盲導犬を見たことがあるひとは多いでしょう。でも、盲導犬のことを誤解しているひとも多いようです。

　たとえば、盲導犬はリード（ひも）のほかに、かたから胴体にかけて特殊な器具（ハーネス）をつけています。それを見て「きゅうくつそうでかわいそうだ」と思うひとがいます。「盲導犬はきびしい仕事をさせられるので、長生きできない」と考えているひとがいます。盲導犬が視覚障害者にしかられるのを見て、「いじめているのでは？」と心配になり、警察に知らせたひとがいます。

　また「かわいいから盲導犬の頭をなでたい」と思うひともいます。「盲導犬は、自分で道を選んで目的地まで視覚障害者をつれていく」と考えているひともいます。

　ほんとうでしょうか？　ここでは、盲導犬とそのはたす役割について考えます。

1 ハーネスは視覚障害者と盲導犬のかけ橋

盲導犬がかたから胴体にかけてつけている器具をハーネスといいます。ハーネスは、視覚障害者の意志を盲導犬に、盲導犬の動きを視覚障害者に伝える大切な器具です。盲導犬の体格に合わせて、きつすぎず、ゆるすぎないように調整されています。

盲導犬は、階段の前につくと前脚を階段に乗せて止まります。すると「止まったから、階段の前に着いたのだな」「盲導犬の身体が上に向いているから、上りの階段だな」というように、その動きがハーネスを通してユーザーの手に伝わります。

2 ハーネスをつければ盲導犬、はずせば家族

- ハーネスをつけているときは仕事中
- ハーネスをはずせば家族の一員
- 盲導犬は長生き

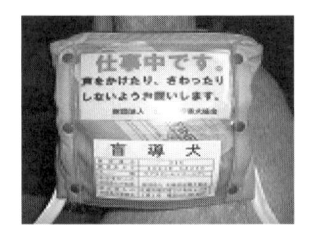

ハーネスをつけているときは仕事中です。盲導犬に声をかけたり、さわったりしてはいけません。犬の気が散ると、とても危険だからです。ハーネスは、その犬が盲導犬であることを示します。これによって、バスや飛行機などに乗ったり、レストランに入ったりすることができます。

盲導犬は、家に帰るとハーネスをはずします。ハーネスをはずせば家族の一員です。家族にあまえもしますし、いたずらもします。犬用のおもちゃで遊んだりするのも大好きです。都合の悪いことは、聞こえないふりをすることもあります。

視覚障害者がハーネスを手にすると、おどるようにやってきて背中を向けます。ハーネスをつけるとすっかり盲導犬の顔つきに変わります。盲導犬は、仕事にはり合いを感じ、家族の一員として大事にされるため、ふつうの家庭犬にくらべて長生きをするという報告もあります。

③ 視覚障害者が指示を出し盲導犬がしたがう

●盲導犬は道案内はできない

視覚障害者が盲導犬に「会社に連れていって」とか「郵便局にいきたいな」といえば、盲導犬が道案内をしてくれるのだと思っているひともいますが、そうではありません。

●盲導犬の仕事は視覚障害者からの指示にしたがうこと

専用の命令用語が30種類くらいあり、視覚障害者は、自分の頭のなかにある地図と照らし合わせて、指示します。盲導犬はその指示に正確にしたがう（＝服従）のです。

●ときには不服従も

しかし盲導犬は、視覚障害者の出した命令が危険をまねくと感じた場合、その命令にしたがわないという訓練も受けています。これを「不服従」の訓練といいます。とても高度な訓練です。

④ しつけが大切

盲導犬は専門的な訓練を受けているとはいえ、ときには失敗もします。失敗した場合は、その場でしからなければなりません。視覚障害者は、盲導犬に命をあずけて歩いています。その信頼を強めるためにも、日ごろからのしつけが欠かせないのです。

アドバイス

盲導犬とならば、安心してある程度の速さで歩けます。ある視覚障害者は、盲導犬とはじめて歩いた日に、ほほに風を感じて感激したそうです。

盲導犬を連れて歩くひとを見かけたときには、じゃまにならないようにします。信号が変わったときは「青ですよ」などと教えてもかまいません。道に迷っていそうな場合などは、盲導犬の反対側から「おこまりですか？」などと話しかけてみましょう（35ページ参照）。

盲導犬を連れていても、危険がなくなるわけではありません。ごみや放置自転車、違法駐車など、盲導犬の誘導をさまたげるものをなくすことが大切です。

なお、「体験歩行」をおこなっている盲導犬協会もあります。一般のひとがアイマスクをつけて盲導犬と歩きます。ハーネスから伝わる情報の大きさ、視覚以外の情報によってまわりのようすを判断することのむずかしさ、まっすぐ歩くことのたいへんさなどを実感できます。近くの盲導犬協会に問い合わせ、イベントにぜひ参加してみましょう。

7 街を観察してみよう

　目に障害のあるひとがひとりで外出するのはとてもたいへんです。

　車にひかれる危険があります。路上に置かれた物につまずいてしまうかもしれません。みぞに落ちてしまうかもしれません。乗り物に乗るのもむずかしいですし、駅のホームから転落してしまうかもしれません。目に障害があると、それだけでたくさんの危険がつねにあるのです。

　また、道にまよってしまうこともありますし、はじめていくところでは、建物の入口やトイレの場所もわかりません。

　そんななか、目に障害があるひとでも生活しやすいくふうが、街や公共の施設などで少しずつ増えてきました。どんなサポートがあればいいか、これまでの項目から学んできたことを復習しつつ、自分の街を観察してみましょう。

1 歩道

視覚障害者が歩きやすいようにくふうされているところもありますが、不便なことや危険なこともたくさんありそうです。イラストを見て考えてみましょう。

2 電車のプラットフォーム

電車の乗り降りは視覚障害者にとってはとても危険です。ホームから落ちてしまうひともいます。また、朝晩の通勤・通学の時間帯などは、ひととぶつかってころぶ心配もあります。電車に安全に乗り降りできるために、いろいろくふうがあります。イラストを見て考えてみましょう。

アドバイス

障害者補助犬法という法律によって、公共施設や公共交通機関、デパート、ショッピングセンター、ホテルなどでは、障害者が盲導犬などの補助犬をつれて自由に出入りすることができるようになりました。

右は補助犬をつれて出入りすることができることを示すステッカーです。障害者だけでなく、一般のひとにもその施設が補助犬を受け入れていることを知らせ、補助犬への理解を広めることに役立てられています。

補助犬同伴可ステッカー

第2章 目に障害のあるひとをサポートする

体験しよう 1 つえをつかって歩いてみよう

　白杖は、視覚障害者の目の代わりになる大切な道具です。白杖の先で障害物がないか確認したり、地面をたたいたときの音や手ごたえで道の状態をたしかめたりしながら歩きます。

　白杖はまた、まわりの歩行者や自動車などに注意をうながす役割もあります。

　しかし、白杖を持っていればすべての危険をさけられるわけではありません。多くのひとが、毎日不安を持ちながら歩いています。

　では、白杖を持ったひとを見かけたとき、どのようなことに気をつければよいでしょうか。どんなサポートができるのでしょうか。

　目に障害のあるひとの気持ちを理解するために、目かくしをし、つえをつかって歩いてみましょう。

　つえをつかって歩くことで、見ているだけではわからなかったことに、いろいろと気づくはずです。

1 目かくしして歩いてみよう

①なにもないところをまっすぐに歩けるか
②点字ブロックの上ではどうか
③かべ伝いに歩くとどうか
④階段を歩くとどうか

　まずは、アイマスクで目かくしをして、なにも持たずに歩いてみましょう。いろいろと歩く場所や条件を変えて、歩きやすさにちがいがあるかためしてみましょう。そばにはかならずだれかにいてもらいます。また車通り、人通りが多い道はさけます。

2 つえを使って歩いてみよう

●つえの持ち方

・からだに合ったつえの長さ＝わきの下までの長さ
・かまえるときにはからだの中央、へその高さで、からだから20センチメートルくらいはなして持つ
・障害物があったときに安全に止まれるように2歩先くらい前をさぐる

●タッチテクニック

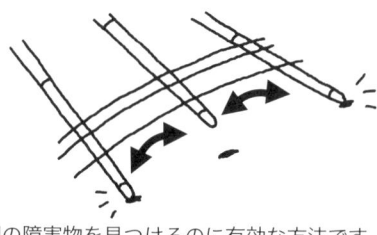

歩く範囲の障害物を見つけるのに有効な方法です。

①つえを体の中心部分、へその前あたりにかまえます。
②つえ先を地面から2〜3センチメートル浮かせ、ひとのかた幅ほどの範囲を左右均等にリズムよく振ります。
③左右両はしでつえ先を地面につけます。

●スライドテクニック

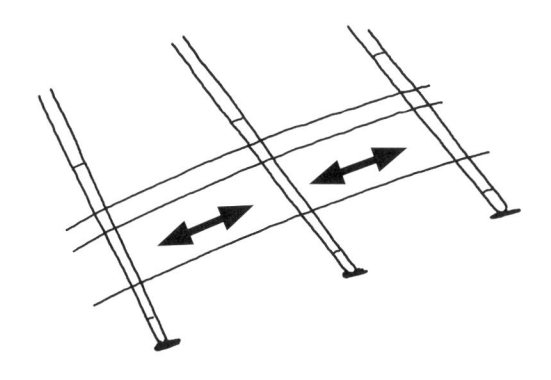

段差や階段などを見つけるのに有効な方法です。

①つえを体の中心部分、へその前あたりにかまえます。
②つえ先は上げずに地面を引きずるようにふります。
③タッチテクニックと同様のふり幅とリズムで左右につえをふります。

●階段の上り下り

階段を上るときは、つえを体の前に垂直に立てます。階段を上る動きによって　つえが一段上の段のけこみの部分に当たります。こうして段があることを確認しながら上ります。つえになにも当たらなくなったらいちばん上まできたということです。下りるときは、つえを階段の角度に合わせてななめに持ちます。下の段を確認するようにしながら下ります。つえの先がフロアや地面についたら、階段が終わりだという合図です。安全に階段を上り下りするためには、階段の進行方向を確認することが大切です。手すりや壁にいつも片手をふれていると安心です。

第2章　目に障害のあるひとをサポートする

3 白杖があっても危険はある

トラックの荷台からはみ出した木材などにぶつかる。

店先の日よけや街路樹の枝などにぶつかる。

たまたま道においてあったものにつまずく。

雪で点字ブロックがおおわれて道がわからなくなる。

4 手引きで歩いてみよう

ひとりでなにも持たずに歩く、つえをつかって歩く体験をしたら、ひとの手引きで歩いてみましょう。ひとりだけで歩いたときとどうちがうでしょうか。

アドバイス

　つえをつかって歩いたひとは、視覚障害者の立場からふだんわたしたちが生活している街を体感することができたはずです。目が見えているときには気にならなかった段差に危険を感じたり、まわりのようすがわからないことの不安を実感したことでしょう。

　この体験を活かして、視覚障害者と出会ったときどんなサポートができるか、また、視覚障害者が危険や不安を感じなくてすむ街にするにはどうしたらよいか、考えてみましょう。

体験しよう2 点訳・音訳ボランティアに挑戦しよう

　目に障害のあるひとに文字情報を伝えるには、おもに2つの方法があります。

　ひとつは「点字」を使って伝える方法です。現在、全国に100館ほどの点字図書館（点字図書室）があり、いろいろな本が点訳ボランティアによって点訳されています。

　しかし、事故や病気で目が急に不自由になってしまったひとは点字の習得がむずかしいのが現実です。

　そこで、もうひとつの方法として、音訳があります。音訳とは、視覚情報や文字情報を音声化することです。点字を読めなくても読書を楽しむことができる方法です。

　点訳・音訳ボランティアにはだれでもなることができます。各地域の社会福祉協議会やボランティア団体がひらく講習会を受けたり、点訳サークルなどに参加したりするとよいでしょう。

1 点字とは

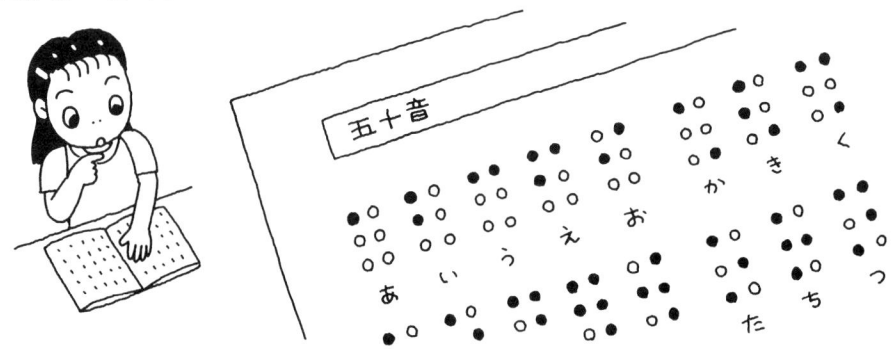

　点字は、1825年にフランスのルイ・ブライユによって考え出されました。日本では、1890年に石川倉次が考え出した点字がもとになっています。点字は、たて3点、よこ2点の6点の組み合わせで表しており、1字分のスペースをマスといいます。点字はかな文字が一般的です。ほかには数字や小数点、かっこなどの記号、音符なども表わすことができます（98ページ参照）。

2 点字を打つための道具

点筆と点字器

点筆	点字を打つための筆記用具です。先端を紙におし当てて点字を打ちます。
点字器	紙をはさんでつかいます。ひとマスひとマスをガイドしてくれます。木製のものもありますが、初心者がつかいやすいのは、小さくて軽い、プラスチック製の点字器です。
パソコンの点字ソフトと点字プリンタ	点字はパソコンで打つのが一般的になりました。専用の点字ソフトをつかって入力すれば、点字プリンタを通じて点字の文章が出力されます。

3 点字を打ってみよう

×　アツイマイニチガツヅイテイマス

○　アツイ　マイニチ　ガ　ツヅイテ　イマス

　まず点字に慣れることが必要です。点字版を使って紙に点字を打ってみましょう。点字は左から右へ読みます。したがって点字を打つときは、紙の裏側から左右うら返しに、右から左へと打たなければなりません。すべての点字がつながっていると読みづらくなります。文節ごとにひとマスあけて打ちます。

4 音訳とは

発音・イントネーションなどに注意し、書かれていることばを正しく読む。
感情をおさえぎみにして読む。
間を取りながら、意味のまとまりごとに読む。

　音訳とは、書かれている文字を音声におきかえることです。しかし、朗読や演劇とはちがいます。音訳では、内容が正しく伝わる読み方を心がけます。感情をこめて読むと、ひとによっては違和感を覚えることがあります。本を読んだ感想は一人ひとりちがうからです。

5 音訳に挑戦してみよう

●発声練習や読む練習をする
ア・エ・イ・ウ・エ・オ・ア・オ

音訳する前に発声練習をします。また、何度も音読したり黙読したりして、まちがえずに読めるように練習をします。

●下調べをする

正確に読むためには、書かれていることばの意味や本全体の内容を正しく理解しておくことが大切です。わからないことばや内容がないように下調べをしっかりとおこないます。

●声を録音してみる

まずは本を音読し、それを録音してみましょう。録音を家族に聞いてもらったり、自分で聞いたりしながら自分の声がどのように伝わるかを確かめてみましょう。

体験しよう3 盲導犬ボランティアに参加しよう

　現在、日本でじっさいにはたらいている盲導犬の数は1000頭ほどです。このほか、500頭ほどが盲導犬の訓練を受けています。

　一方、盲導犬を希望している視覚障害者は、全国に5000〜1万人もいると考えられていて、盲導犬不足がつづいています。

　盲導犬に向いているのは、ラブラドール・レトリバーやゴールデン・レトリバー、シェパードなど、性格がおとなしく、視覚障害者がともに歩きやすい大型犬です。

　盲導犬は、すべて盲導犬協会が計画的に繁殖をおこないますが、その後はボランティアの手で育てられます。人間によりそってなかよくくらせることがなによりも求められるからです。

　このことから、盲導犬にかかわるボランティアは「いっしょに歩む人」という意味で「ウォーカー」と呼ばれます。

1 盲導犬の一生

①誕生
繁殖犬ウォーカーの家で生まれます。きょうだい犬たちとおよそ50日間育てられます。生まれた犬は、すべて盲導犬候補生(パピー)となります。

②パピーウォーカーのもとへ（生後50日ころ）
生後50日ころ、母親やきょうだい犬たちと別れ、パピーウォーカーに引き取られます。このとき犬に名前がつけられます。

③パピー時代（およそ1年間）
パピーウォーカーの愛情をたっぷりと受けながら、およそ1年を過ごします。ここで、盲導犬として基本である「人間が大好き」という資質を身につけます。

④訓練・見きわめ（およそ7カ月間）
パピーウォーカーと別れ、およそ7カ月をかけて盲導犬協会で盲導犬になる訓練を受けます。まっすぐに歩くこと、歩くことに集中すること、命令に従うこと、ものの名前を覚えることなどです。

⑤共同訓練（およそ1カ月間）
およそ1カ月間、犬と視覚障害者が盲導犬協会でいっしょに寝泊まりしながら共同訓練をします。訓練がうまくいけばパートナーの成立です。

⑥盲導犬時代（8年〜10年間）
盲導犬になった犬は、12歳になるまで視覚障害者（ユーザー）といっしょに暮らしながら、ユーザーの目の役割をはたします。盲導犬協会はユーザーのいろいろな相談に乗ったり、盲導犬の健康管理などをおこなったりします。

⑦引退（12歳〜）
原則として、12歳になると引退します。一般家庭に引き取られて、余生をおくります。北海道盲導犬協会には、引退した犬たちの「老犬ホーム」があります。

2 盲導犬育成にかかわるボランティア

①繁殖犬ウォーカー	盲導犬のお母さん犬、お父さん犬を家庭で飼育するボランティアです。盲導犬協会で繁殖犬に適しているとみとめられた犬を、家庭犬として育てます。そして、年に1、2回、盲導犬協会で交配させ、その後はまた家庭で育てます。お母さん犬の場合は家庭で出産させ、およそ50日間育てるのも繁殖犬ウォーカーの役割です。
②パピーウォーカー	盲導犬候補生（パピー）として生まれた子犬を、およそ1年間、家族の一員として育てるボランティアです。ここで受けた愛情が、盲導犬の基本的な資質を形成します。
③キャリアチェンジ犬引き取りボランティア	盲導犬になれなかった犬（適外犬）を、家族の一員として引き取り、育てるボランティアです。盲導犬になれなかった犬も、家族の一員として愛情を受けながら育てられます。
④引退犬委託ボランティア	盲導犬を引退した犬（老犬、リタイヤ犬）の世話をするボランティアです。静かで幸せな時間をともに過ごします。

3 あなたもできる？ 盲導犬ボランティア

●盲導犬ボランティア適性チェック表
□家族はみんな犬が好きだ。
□乳児がいない。
□家族に犬の毛のアレルギーのあるひとはいない。
□盲導犬協会まで自家用車でいくことができる。
□室内で犬を飼うことができる。
□あまり長時間留守にしない。
□えさ代などを負担することができる。

あなたも盲導犬育成ボランティアになれるかチェックしてみましょう。左のチェック表で、ほとんどの項目が○なら、あなたも盲導犬育成ボランティアになれます。

4 募金も大切なボランティア

●募金が必要なわけ
　盲導犬協会は全国に9つあります（107ページ参照）。その運営費のほとんどは、寄付や募金によってまかなわれています。ですから、募金をすること、募金活動に参加することも、大事なボランティア活動のひとつです。

●募金にかかわる活動
　①街頭で募金する・募金ボランティアになる
　　盲導犬（キャンペーン犬）が参加する街頭募金が定期的におこなわれています。できる範囲で募金をするとよいでしょう。また、盲導犬協会のひとといっしょに、募金をよびかけるボランティアに参加することもできます。近くの盲導犬協会に問い合わせてみましょう。
　②募金箱に募金する・募金箱をおく
　　全国の商店やレストラン、公共施設などに、写真のような募金箱が置かれています。おつりの一部を入れると、最寄りの盲導犬協会に届けられます。また、学校の玄関に募金箱を置くこともできます。ポスターをつくったり、校内放送で呼びかけたりして、募金活動をするのもよいでしょう。
　③イベントに参加する
　　盲導犬協会ではイベントをひらくことがあります。ぜひ参加してみましょう。盲導犬グッズを買ったり、バザーに出品したり、出品物を買うと、その売り上げが盲導犬育成に活用されます。

体験しよう4　こんなくふうで視覚障害者もスポーツを楽しめる

スポーツでは視覚的な情報にたよることが多いため、目に障害のあるひとが参加できるスポーツは少ないと思われがちです。

しかし、じっさいには、さまざまなくふうによって、たくさんの競技がおこなわれています。また、目に障害のあるひとだけでおこなうのはむずかしくても、まわりのひとのサポートで楽しめる種目もたくさんあります。

テレビなどではまだなかなか紹介されませんが、多くの競技では、国内大会だけでなく国際大会もひらかれ、白熱した勝負がくり広げられています。

試合や練習は、公共体育館や福祉センターなどでおこなわれることが多いので、問い合わせて、じっさいに観戦してみましょう。その迫力やおもしろさにおどろくはずです。

もしかすると、練習に参加させてもらえるかもしれません。

1　音で判断する

●サウンドテーブルテニス（盲人卓球）

ラバー（ゴム）のはられていないラケットをつかい、選手はアイマスクをつけて、なかに金属の球が入ったボールを打ち合います。ボールがはねたり転がったりするときの音だけがたよりです。

●ゴールボール

©越智貴雄／カンパラプレス

ゴールボールは、1チーム3名の選手が、鈴の入ったボールを転がして相手のゴールに入れ合うことで得点を競い合うスポーツです。もともとは、第二次世界大戦で目をけがした兵士のリハビリのために考えられたものです。

2　競技者同士がぶつからないようにする

●グランドソフトボール

©エックスワン

視覚障害者によるソフトボールです。ハンドボールをつかい、全盲のピッチャーがキャッチャーの手ばたき音をたよりにボールを転がして投球します。バッターは、転がってくるボールの音を聞いて打ち返します。グランドソフトボールでは、守備ベースと走塁ベースが別々に用意されていて、走者と守っているひとがぶつからないようになっています。視覚障害者同士の接触は、大きな事故につながります。それをふせぐためのくふうです。

③ 相手の位置を確認してからおこなう

●柔道

相手の位置を確認するため、たがいに組み合ったところからはじめます。しかし、組み合ってしまえば視覚障害があまりハンディにならなくなるため、健常者と試合がおこなわれることもあります。

©越智貴雄／カンパラプレス

④ 伴走者といっしょに楽しむ

●ブラインドスキー

ブラインドスキーヤーの障害の程度やスキーの技術、ゲレンデの状態や混雑度などに応じ、伴走者（ガイド）がもっとも適した位置からさまざまな方法で誘導しながらすべります。

●マラソン

長いきょりをひとりで走るのは危険なため、伴走者といっしょに走ります。おたがいにロープを持ち、呼吸を合わせて走ります。

⑤ まわりのサポートを得ながらひとりで動く

●ブラインドサッカー

フットサルとほぼ同じルールでおこなわれる、視覚障害者のサッカーです。ボールには鈴が入っていて音がします。ゴールキーパーとコーチは健常者で、ゴールの位置や方向、きょり、相手選手の動きなどを声で伝えます。選手は、まわりのサポートを受けながら安全にプレーできます。

第2章 目に障害のあるひとをサポートする

【コラム】見た目にはわからない内臓や関節、骨の障害

多くの人がイメージする身体障害とは、目の不自由なひと・耳の不自由なひと・うでや足の不自由なひとというように、外見から判断できるものでしょう。しかし、じつは身体障害とは、見た目ですぐにそれと分かるものだけではありません。

■身体障害の種類

身体障害者福祉法という法律があります。そのなかで身体障害として以下の5つの項目があげられ、それぞれ障害の程度によって1～6の等級がつけられています。

①視覚障害
②聴覚、平衡（へいこう）機能の障害
③音声機能、言語機能、咀嚼（そしゃく）機能の障害
④肢体不自由
⑤心臓、じん臓、または呼吸器の機能の障害 その他政令で定める障害

※政令で定める障害
・ぼうこう又は直腸の機能
・小腸の機能
・ヒト免疫（めんえき）不全（ふぜん）ウイルスによる免疫機能

このように、内臓などからだの内側にある障害も、身体障害にふくまれているのです。

■内臓の障害とは

内臓の障害は、外見からは判断できない障害です。

○**心臓障害**：血液が体に送り出されず、いのちにかかわります。手術によってペースメーカー（心臓に電気的な刺激を与えて動かす機器）や人工弁、人工血管を埋めこみ、心臓の機能をおぎなっています。

○**じん臓障害**：じん臓は、血液中のいらないものを体の外へ排出してくれますが、うまくはたらかなくなると、いらないものがからだにたまってしまいます。そこで、いらないものを人工的に体外に出す治療（ちりょう）（人工透析（じんこうとうせき））を週に3回程度、1回あたり4、5時間かけておこないます。

○**呼吸器障害**：呼吸器とは息をすったりはいたりするための器官です。気道（きどう）・気管（きかん）・気管支（きかんし）・肺（はい）・胸膜（きょうまく）などのことをいいます。呼吸器の機能が正しくはたらかないと、少し動くだけで息苦しさを感じます。

■関節や骨の障害もある

肢体不自由には手や足の障害のほかに、関節や骨の障害もふくまれます。たとえば、けがや病気などで骨や関節が傷ついた場合や、人工の骨や関節をつけた場合などです。

関節や骨の障害は、外見からはそれとわからない場合も少なくありません。しかし、人工の骨や関節をつけた場合、ほんとうの骨や関節とはちがうので、健常者とまったく同じように動くことはなかなかできません。

■目に見えない障害があることを理解する

内臓などの目に見えない障害のあるひとは、無理解からくる心ないことばやおこないに傷つけられることも多くあります。身体障害には目に見えないものがあることを知っておきましょう。

■障害者手帳

なお、身体障害者と認定されたひとには「障害者手帳」が交付されます。この手帳をしめすことで、さまざまな福祉施策を利用することができます。また、電車、バス、飛行機などの交通機関を割引で利用することもできます。

第3章
聞こえと発音に障害のあるひとをサポートする

　聞こえと発音の障害は、見た目ではわからないことが多く、また、障害がわかったとしても「手話ができないから、じぶんにはサポートもできない」などと思いがちです。また、聞こえに障害のあるひとのなかには発音がはっきりしない場合が多く、そのことが原因で差別やいじめにあうこともあります。第3章では、聞こえと発音の障害への理解をふかめ、身近なサポートのしかたを学びましょう。

1 聞こえと発音に障害があるってどういうこと？

聞こえないとはどういうことでしょうか。

聞こえの障害は、まったく聞こえないということのほかにも、特定の高さの音だけが聞こえない（あるいは聞こえる）、音がゆがんで聞こえる、雑音と意味のある音の聞き分けができない、などさまざまな症状があります。さらに、聞こえないことで、発音に障害が出ることも多くなります。

じつは、こうしたさまざまな聞こえの障害を理解するのは、なかなか大変なことです。

なぜなら、どんなに耳をふさいでも完全に聞こえなくすることはできないからです。特定の高さのみ聞こえなくすることもできませんし、ゆがんで聞こえるようにもできません。発音がうまくできなくなることもありません。

このように、聞こえの障害は体験することがむずかしいため、理解することもまたむずかしいのです。

1 どうして聞こえるのか

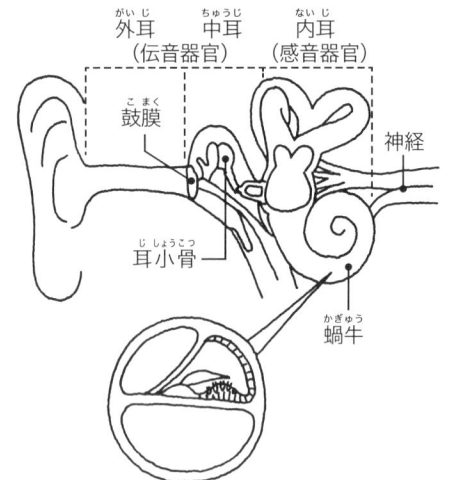

外耳　中耳　内耳
（伝音器官）（感音器官）
鼓膜
神経
耳小骨
蝸牛

音は空気のふるえです。耳のなかに入った空気のふるえは、鼓膜といううすい膜にぶつかり、鼓膜をふるわせます。すると、鼓膜にくっついた耳小骨という骨がふるえ、さらに耳の奥の蝸牛という組織に伝えられます。蝸牛のなかは液体で満たされていて、ふるえはこの液体をふるわせます。そのふるえを感覚細胞がキャッチして電気信号に変えます。電気信号は神経を通じて脳に送られ、音として聞くことができるのです。

2 聴覚障害のさまざまな原因と性質のちがい

①伝音難聴	鼓膜や耳小骨などに異常があって、ふるえにくいため、音が伝わりにくい障害です。小さな音が聞こえなかったり、聞こえづらかったりします。補聴器などで音を大きくすることが効果的です。手術で治せる場合もあります。
②感音難聴	蝸牛や神経などに異常があって、音をただしく電気信号に変えられなかったり、信号が脳にうまく伝わらなかったりする障害です。音がゆがんで聞こえたり、雑音とそのほかの音が聞き分けられなかったり、高音だけが聞き取りにくかったりします。まったく聞こえないこともあります。ふつうの音量で聞こえるのに、内容がまったくわからないということもあります。そのため補聴器もあまり役に立ちません。治療法はいまのところなく、障害が重いときには、手話などの視覚によるコミュニケーションが必要です。
③混合難聴	伝音難聴と感音難聴をあわせもつ障害です。

③ ことばの習得がむずかしい

- ●発音がはっきりしない
- ●なかなかことばの数が増えない
- ●文字の習得が遅れがちになる
- ●読み書きが苦手になりがちになる

ことばは耳で聞きながらおぼえるものです。ですから、とくにろう者（アドバイス参照）の場合、ことばの習得には大変な努力が必要になります。

④ 誤解をまねいたり、ばかにされたりする

まえ わたしが テニス します

声で話そうとしてもはっきりとした発音がむずかしかったり、ことばがうまく出てこなかったりするため、いいたいことが相手に伝わらず、けんかになってしまうこともあります。

読み書きが苦手なために、能力がないひとと誤解され、ばかにされることがあります。

アドバイス

生まれつき聞こえないひとや、話しことばを習得するまえに聴力を失ったひとをろう者といいます。しかし、病気やけがなどによって途中で聴力を失ったひと（中途失聴者）もたくさんいます。数としては、中途失聴者の方が多くなっています。

ろう者の場合は、幼いころから手話や口話を学び（57、66ページ参照）、コミュニケーションの手段を得やすいのですが、中途失聴者は、なかなかそうはいきません。それまでの生活とのギャップの大きさからじぶんの障害を受け入れるのに時間がかかりますし、また年をとるほど、手話や口話の習得がむずかしくなります。

こうして手話や口話もままならない中途失聴者は、たいへんな失望感や孤独感におそわれます。

中途失聴者のサポートにもっとも必要なのは、そうした失望感や孤独感を理解しようとすることです。サポートする側が明るくねばり強くコミュニケーションしようとし、こころのかよい合いをともに喜びながら接していきたいものです。

2 聞こえに障害のあるひとのコミュニケーション

　以前、聴覚障害者を主人公にしたテレビドラマが流行しました。そのなかでは、主人公とその家族は手話を使ってコミュニケーションしていました。また、人気歌手が手話をつけて歌った歌が流行したこともあり、手話が広く知られるようになりました。

　しかし、手話をおもなコミュニケーション手段にしているひとの割合は、じつは、そう多くありません。

　厚生労働省によると、聴覚障害者のうち、7割近くのひとが補聴器などの器具をつけている一方、手話をつかっているひとは2割弱しかいません。とくに近年は、病気などによる中途失聴者（大きくなってから聞こえなくなったひと）がふえており、全体からすると、手話者の割合は減っています。

　ここでは、聞こえに障害のあるひとのコミュニケーションについて学びましょう。

1　身ぶりや表情

> えいあ
> おこえすあ？
> （駅はどこですか？）

> あちらの方向にいけばいいんだな

> 駅はあちらです

聴覚障害者は、身ぶりや表情から敏感に情報を受け取ります。

2　音声

> おあよ

> おはよう

> おめうああい

> さっきぶつかったことに『ごめんなさい』といっているのかな？

> 大丈夫！

聴覚障害者も声でコミュニケーションします。聞こえに障害があっても、声を出すことはできるからです。ただ、ろう者のことばは聞き取りにくいことがしばしばあります（62ページ参照）。

③ 口話

口話は、相手の唇の形やその場の状況から会話の内容を読み取るコミュニケーションの方法です。幼いころからのきびしい訓練が必要な技術です。

④ 筆談

文字や絵を書いて伝えることを筆談といいます。中途失聴者は、筆談をおもなコミュニケーションの手段にすることが多いようです。

⑤ 手話・指文字

●手話の種類

日本手話	むかしから日本でつかわれてきた手話。先天性の聴覚障害者の使用が多い
日本語対応手話	現代の日本語文法にしたがった手話。中途失聴者やろう学校の教職員の使用が多い
中間型手話	日本手話と日本語対応手話を合わせた中間型の手話。最近広まりつつある
指文字	固有名詞や新しいことばなど手話にないことばを表す。日本語の50音のひとつひとつに対応している

手話ではあまりむずかしい話はできないと思われがちですが、熟達すると、手話だけで非常に高度な内容の話をすることができます。

アドバイス

聴覚障害者は、このようにいろいろな方法でコミュニケーションしています。手話ができないからと尻込みせず、まずは明るく表情豊かに話しかけてみましょう。

コミュニケーションは、大きく分けて2つあるといわれます。ひとつは、話しことばや書きことばといった言語コミュニケーション。もうひとつは、言語によらない非言語コミュニケーションです。

健聴者同士の場合、言語コミュニケーションを中心にしていると思われがちですが、じつはことばで表した内容以上に、顔の表情や視線、身ぶり、手ぶり、相手とのきょり、位置、相づちのタイミング、握手やかたに置いた手の感触、さらにはどんな服装でいるかなどの非言語的な情報が大きく影響していることがわかっています。

聴覚障害者とのコミュニケーションでは、この非言語コミュニケーションのはたらきがいっそう大事になります。あなたの明るさや、一生けんめいさが表情や身ぶりなどによって自然に相手に伝わっていくことでしょう。

3 聴覚障害ならではの不便や危険がある

　聞こえに障害のあるひとは、見かけは健常者と変わらないために、障害を軽く考えられがちです。

　ひとはふだん多くを視覚情報にたよって生活しています。しかし、危険や緊急事態がせまったときには、音声情報がとても多くなります。避難（ひなん）をよびかける放送、救急車や消防車のサイレン、車のクラクション、踏切音（ふみきりおん）、自転車のベル、プラットホームでの注意をよびかけるアナウンス、そして、だれかがさけぶ「あぶない！」という声……。

　聞こえに障害のあるひとはそうした危険や緊急事態を知らせる音声情報を受け取ることができません。聴覚障害ならではの危険や不便があるのです。

　この項目では、そうした危険や不便について考えます。

1 こんな不便や危険がある

●不便

○○さん……

事故のためしばらく停車します

雨に気づかない 　　呼び出しに気づかない 　　車内アナウンスが聞こえない

●危険

プッブ〜

ジリリリ

火事だー

ひなんしてください!!

車が近づいているのに気づかない 　　火災発生の非常ベルに気づかない 　　避難勧告の放送が聞こえない

　聴覚障害は音声情報を受け取ることができない情報障害ともいえます。一見、行動にはなんの不自由もないように見えますが、音声情報を得られないことで、日常生活で不便を感じたり、ときには危険にまきこまれたりしてしまうのです。

2 緊急のときにできること

①気づく

補聴器をしているひと、まわりの状況にとまどっているひとがいたら聴覚障害者かもしれません。

②ふれる

かたを軽くたたくなどして、注意をうながします。

③視界に入る

相手の視界に入り、危険がせまっていることを大声で伝えます。

④表情や身ぶりで伝える

聞こえていないようであれば、表情や身ぶりで危険を伝えます。

⑤緊急の時は相手の手を引いて

緊急の場合は相手の手を引いてにげます。

　危険を避けるためには、まずはまわりのひとがはやく聴覚障害に気づくことが必要です。そのうちわかるだろうと考えず、声をかけても反応がない場合は、相手の視界に入って、表情や身ぶりを交えて危険を伝えます。

アドバイス

　聴覚障害者は、見た目には障害がわかりにくく、つねに不便や危険にさらされているために、いつも不安をかかえています。しかし、まわりのひとがそのひとが聞こえないことを知っていれば、すばやく対処することができます。

　そこで、聴覚障害者のために考え出されたのが右図の「耳マーク」です。聴覚障害者がまわりのひとに筆談などの助けをかりたいときに「耳マーク」を提示したり、自治体や銀行、病院などが、聴覚障害者の支援をおこなうことを示すためのマークとして使用したりしています。耳マークをつけているひとがこまっているようすを見かけたら、そのひとの視界に入り、ゆっくりと大きな声で話したり、筆談で話したりしましょう。

耳マーク

第3章　聞こえと発音に障害のあるひとをサポートする

4 聞こえに障害のあるひとの話を聞くとき

　聞こえに障害のあるひとに出会うと、多くのひとはとまどってしまいます。
　車いすに乗っていたり、白杖で歩いていたりすれば、相手が障害者であることが前もってわかりますが、聴覚障害者はひと目見ただけではそうとわかりづらいため、とまどってしまうのです。
　また、肢体不自由者や視覚障害者は、多くの場合、問題なく会話できますが、聞こえに障害のあるひとが話すことばは聞きとりづらいことも多く、理解するのに非常に大きな時間と労力が必要になることも一因です。
　しかし、ちょっとした心がまえがあれば、落ち着いて対応することができます。
　この項目では、聞こえに障害のあるひとの話を聞くときに、どのようなことに気をつける必要があるのかを考えます。

1　落ち着いて、相手の目を見て笑顔で対応する

　まず、落ち着くことが大切です。相手の目を見て笑顔で対応します。アイコンタクトと笑顔があれば、コミュニケーションをとる準備が自然と整います。筆記用具とメモ用紙を持っていれば、それを取り出します。気持ちにゆとりがうまれます。

2　ことばが聞き取れないことが多い

●中途失聴者（ちゅうとしっちょうしゃ）
　こんにちは

●生まれつき
　こうねいは

　中途失聴者のように話すことは問題なくできるひともいますが、ろう者（先天性の聴覚障害者）が話すことばは聞き取りづらいことが多いのです。

③ 聞き取るコツ

「こんにちは」っていっているのかな？

こうねいは

こんにちは？

うん、そう

相手の発音から正しいことばを想像します。相手の表情から読み取ったり、その場の状況から考えることも大切です。

相手のことばをくり返し、聞き取ったことばでまちがいがないか確認しながら会話を進めます。

④ わからないところがあれば聞き直す

うぇぎはどぉくぉ？（駅はどこですか？）

聞き取れないっていっていいのかな？

『駅』ですか？

うん、うん

相手を傷つけるのではないか、失礼ではないかと考え、聞き返すことをためらってしまいがちです。

聴覚障害者の多くは、聞き返されることに慣れています。むしろ、一生けんめいに聞こうとしてくれていることに感謝の気持ちをもちます。「わからないな」「こういっているのかな？」と思ったときは聞き返してもかまいません。やさしく、明るく聞き返し、相手のことばを少しずつ理解していきます。

⑤ どうしてもわからなければ筆談にする

書いてください

筆談ですね

書いて

ください

　ただ、あまり何度も聞き返すのはおたがいによい気分ではありません。相手のことばをどうしても聞き取れない場合は、紙に書いてもらいましょう。紙に書いて会話をすることを筆談といいます（64ページ参照）。身ぶりで筆談をお願いしてみましょう。

もし手話ができるなら「書いてください」と手話（67ページ参照）で伝えてみます。

第3章 聞こえと発音に障害のあるひとをサポートする

5 聞こえに障害のあるひとと話すとき

　聞こえに障害のないひと（健聴者）どうしが話すばあいは、とくべつ意識しなくてもコミュニケーションできます。しかし、聞こえに障害のあるひとと話すときには、話し方を意識しないと、うまくコミュニケーションできません。

　まず、相手の視界に入るのが大切です。聞こえに障害があるひとにとっては、目から入る情報が欠かせないからです。

　しかし、こうした注意点は、とくべつにむかしいことではなく、自分の気持ちを伝えようとすると自然にそうなってしまう、というようなことです。

　この項目では、聴覚障害のひとと話すときに、どんなところに気をつければよいかについて考えます。

　じぶんの気持ちをより伝えやすくする、ちょっとしたくふうを学んでみましょう。

1 相手の視界に入って話す

●相手の注意をうながす

視界に入って合図を送り、注意をこちらに向けてもらいます。

●口の動きがはっきり見えるきょりまで近づく

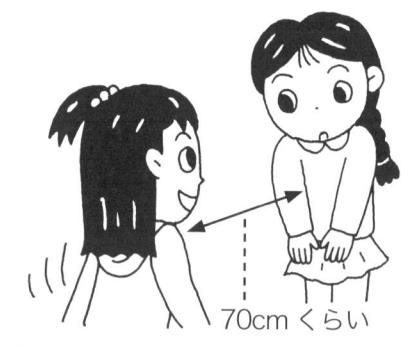

70cm くらい

相手とのきょりも大切です。口の形がはっきりと見えるきょりまで近づきます。

2 大きな声で、はっきりと、抑揚(よくよう)をつけ、ゆっくり話す

ふだんの会話では、口は意外なほどあいていないものです。ほほの筋肉を意識し、口をしっかりとあけて、くちびるのかたちを見せることが大切です。話し終わったときにほほに疲れを感じることができれば、しっかりと口をあけられた証拠です。

聴覚障害者の多くは補聴器をつけていますが、補聴器をつけていれば一般の人と同じように聞こえるとはかぎりません。ふだん話すより少し大きな声で、はっきりとした発音で、抑揚をつけて、ゆっくりと話しましょう。

③ 表情をゆたかに身ぶりを大きく

● 表情が大切

「大きなスイカを割りました」

表情は気持ちや状況をよく表します。無表情で「大きなスイカ」というより、「大きな」というと同時におどろいたという表情をすれば、相手はその大きさを想像しやすくなります。

● 身ぶりを大きく

「大きなスイカを割りました」

パントマイムは、身ぶりだけでみんなを笑いにさそいます。身ぶりも多くのことを伝えることができる、重要なコミュニケーションの手段です。

④ 相手の表情を見ながら

● 相手に伝わっているかたしかめながら

伝えたいことがうまく伝わっているかどうかをたしかめながら話すことが大切です。相手の表情をよく見ていると、伝わっているかどうかがわかります。

● もう一度話しかける

もし、相手によく伝わっていないと感じたら、もう一度ゆっくり伝えてみましょう。

⑤ 伝わりにくいときは筆談で

● 手間をおしまずに

何度も説明をくり返すよりは、筆談で伝えたほうがまちがえずにすみます。伝えづらいと思ったら、めんどうがらずに筆談にします。

● 重要なことほど文字で伝える

「明日、午後3時に駅東口の改札前に集合ね」

日時など、正確に伝えなければならないことは、かならずメモに書いてわたしましょう（64ページ参照）。

第3章 聞こえと発音に障害のあるひとをサポートする

6 筆談と指文字で話そう

　聞こえに障害のあるひとと身ぶりや手ぶりを交えてコミュニケーションをとろうとしても、相手のことばをはっきりと聞き取れなかったり、こちらのことばを相手が理解できなかったりして、うまく伝わらないこともあります。そんなときは筆談をしてみましょう。
　筆談とは、紙にひとつひとつ書いてコミュニケーションする方法です。いちいち紙に書くのは、少しめんどうかもしれません。しかし、筆談は伝えたいことをより正確に伝えることのできる有効な方法です。
　ほかに、指文字で会話するという方法もあります。指文字とは、50音の一文字一文字を手の形で表したものです。
　この項目では、筆談や指文字で会話するときの注意点について考えます。
　ポイントは、どちらも伝えたいことをできるだけかんたんにまとめることです。

1 ていねいな字で書く

○ この電車は〇〇駅にはとまりません
× この電車は〇〇駅にはとまりません

乱暴に書かず、一字一字できるだけていねいに書きましょう。

2 短い文でかんたんに書く

●短い文で書く

×
〇〇駅は、とまる電車とそうでない電車があって、この急行はとまりませんが、快速と普通は停車しますから‥‥

〇
〇〇駅は急行はとまりません。快速と普通電車がとまります。

●むずかしい漢字や表現は使わない

停車する　→　とまる
交通機関　→　のりもの
利用可能　→　つかえる
複数の　　→　たくさん

読み書きが苦手なひともいます。文章が長いとそれだけ相手に伝わりづらくなります。一文はできるだけ短くします。

3 はい、いいえをはっきりと書く

それはできない
わけではありません

できます。
しかし時間が
かかります

「はい・いいえ」「できる・できない」などの意思表示をはっきりと書きましょう。「できないわけではない」のように意思表示があいまいな文だと、相手は混乱してしまいます。

4 紙やペンがないときは手のひらに書く

紙とペンがないときには、手のひらと指で筆談します。一字一字伝わったかどうか確認します。

5 相手の反応をよく見る

こまっていないかなど、相手の反応には十分注意します。筆談だと安心してしまいがちですが、相手にきちんと伝わっていないこともあります。

6 指文字で話す

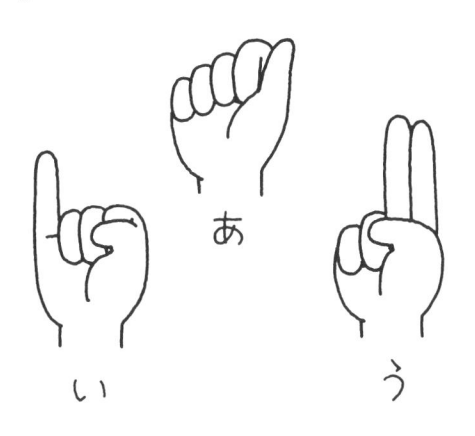

あ
い
う

指文字とは、50音字に手の形を対応させたものです。手話は動作自体が名詞や動詞の意味を持つのに対し、指文字はあくまでひとつの文字を表すだけです。

手話があるのに指文字も必要なのでしょうか。じつは手話は音声言語にくらべてことばの数が少ないのです。ですから、それをおぎなうために指文字が使われます。手話にない単語、人名、地名、固有名詞、新しくできたことばなどに指文字はつかわれるのです。

指文字はただかたちを暗記するのではなく、その指文字のなり立ちを考えながら学んだほうがよりかんたんにおぼえられます（99ページ参照）。

第3章　聞こえと発音に障害のあるひとをサポートする

7 手話で話しかけよう

　口話や筆談をつかえば、聞こえに障害のあるひとともコミュニケーションできることがわかりました。
　しかし、相手が手話を日常的なコミュニケーションの手段にしている場合、口話でコミュニケーションするのはとてもむずかしいですし、筆談もあまり得意でないかもしれません。そんなとき、少しでも手話でコミュニケーションすることができれば、とても心強く感じられるでしょう。
　この項目では、聞こえに障害のあるひとに話しかけ、サポートするときに役立つかんたんな手話を紹介します。
　手話をはじめから自由自在につかうことはむずかしいですが、聞こえに障害のあるひととスムーズにコミュニケーションできる便利な方法です。手話で積極的にコミュニケーションしてみましょう。

1 まず聴覚障害に気づく

耳が聞こえないのですか？

聴覚障害のひとの悩みは、まわりのひとに障害があることをなかなか気づいてもらえないことです。声をかけても答えがなかったりした場合は、身ぶりをまじえて話しかけてみます。

2 手話で話しかける

●どうしましたか？

どうしましたか？

人さし指を立てて、左右にふる。

●お手伝いしましょうか？

お手伝い

左手の親指を立て、後ろから右の手のひらをあてて軽く前の方におす。

しましょうか？

右の手のひらを上に向けてむねの前にさし出す。

聴覚障害者がこまっていそうな場面を見かけたら、「どうしましたか？」「お手伝いしましょうか？」などと手話で話しかけてみましょう。

3 筆談をお願いする

①書いて

書いて

片方の手の親指と人差し指をつけてえんぴつの先のようにして、もう片方の手のひらに字を書くようにする。

②ください

ください

右手を顔の前に立てて出し、前にたおす。

相手がほんとうに助けを求めているようであれば、それから先は筆談にしてもらえるようお願いします。

4 サポートを求める手話

①協力して

協力して

左手をにぎり親指を上に向ける。そして、その左手の甲を右手で2回たたく。

②ください

ください

右手を顔の前に立てて出し、前にたおす。

聴覚障害のひとがだれかに助けを求めるときには、「協力してください」という意味の手話をよく使います。ぜひおぼえておきましょう。

アドバイス

手話によるコミュニケーションをじょうずにおこなうポイントは、失敗をおそれずにどんどんつかってみることです。勇気を出して手話で話しかけてみましょう。

手話は、手や指だけを動かすのではなく、口でもはっきりと発音しながら、顔やからだ全体の表情をゆたかにして伝えていくものです。一生けんめいに伝えようという気持ちが大事です。

はじめのうちは、うまく伝わらないもどかしさを感じることも多いでしょう。でも、そのもどかしさは、ふだん聞こえに障害があるひとが感じているものなのです。

反対に、相手がわかってくれると、とてもうれしい気持ちになるでしょう。そういうあなたのこころの動きそのものが相手にも伝わって、ふたりのあいだにゆたかなコミュニケーションがだんだんになりたっていくのです。

ただし、相手になかなか伝わらないと感じたら、手話にこだわりすぎずに、早めに紙とえんぴつを取り出して筆談に切りかえましょう。

8 街を観察してみよう

聴覚障害は見た目にはなかなかわかりにくく、そのために特有の不便や危険があることを学びました。

聞こえに障害のあるひとにとってたよりになるのは、視覚情報です。街を観察すると、アナウンスなどの音声情報を、電光掲示などの視覚情報でおぎなうくふうがあちこちに見られます。

それらの工夫は、健常者にとっても、便利でやさしいものであることに気づきます。

たとえば、アナウンスを聞きのがしたり、よく聞き取れなかったりしても、電光掲示板があれば、それでたしかな情報を得ることができ、とても安心です。

この項目では、聞こえに障害のあるひとに対する街のくふうをいくつか紹介します。これを参考にして、あなたの街ではどんなくふうがされているか、さがしてみましょう。

1 交通機関で

電車の車内放送や到着の放送が聞こえません。はじめて乗る電車では、駅に到着するたびに降りる駅かどうかを確認しなければなりません。ホームに入ってくる電車にぶつかりそうになったり、電車に乗ろうとしたらとびらが閉まってはさまれてしまったりする危険もあります。

２ 待合室で

待合室で、名前をよばれても聞こえないために順番を後回しにされることがあります。写真のような順番を確認できる案内板があると便利です。

３ 街角で

火災や事件・事故などの緊急の場面で、非常ベルや館内放送、拡声器などが聞こえないため、状況が伝わらず、ひとり取り残されてしまう可能性があります。光で危険を知らせるくふうがあると、聴覚障害者も気づくことができます。

アドバイス

聴覚障害者の危険や不便を少なくするためには、まわりのひとがその存在に気づくことが大切です。気づくことができれば、ジェスチャーや筆談など、その場に応じたサポートをすることができます。

ただ、注意しなくてはならないのは、聴覚障害者はいつもサポートを必要としているわけではない、ということです。ほかの障害者と同じように、むしろふだんはできるだけ自立して生活することをおたがい大事にしたいものです。こまったときには、障害者がじぶんからまわりにはたらきかけることもできるからです。

自動車や自転車に乗っていて、クラクションやベルを鳴らしたのに反応がない、名前をよんだのに返事がない。そんなときには、「もしかしたら聴覚障害者かもしれない」と考え、少しようすをみましょう。「このままではたいへんだ」というときに、はじめて「どうしましたか？」と話しかけるくらいがよいのです。少しのあいだようすをみることも、大事なサポートなのです。

体験しよう1 音声を消してテレビを見てみよう

　聴覚障害はもっとも理解しにくい障害だといわれます。音を完全にさえぎることはできないため、目が見えない状態にくらべて、耳が聞こえない状態を体験するのがむずかしいからです。

　しかし、体験する方法がまったくないわけではありません。この項目では、耳が聞こえないということがどういうことなのかを感じられる方法を紹介します。音が聞こえない、聞こえにくいというだけで、ふだん生活している世界がきっとちがったものに感じられることでしょう。そして、耳からの情報がとても重要であることに気づくことができるはずです。

　ただし、聞こえない状態は思った以上に危険です。とくに外に出る場合は、安全に十分に注意し、かならずふたり以上で取り組むようにしましょう。

1 音声を消してテレビを見てみよう

●内容がまったくわからない　　　　　●字幕があるとわかりやすい

　まず、音声を消してテレビを見てみましょう。スポーツ中継など動きが中心の番組ならば多少わかりますが、対談番組などは内容がまったく理解できません。

　一部の番組では、字幕放送をしています。内容がわかり、楽しむことができます。その場で字幕をつくってしまう「リアルタイム字幕放送」という技術もあります。

2 手話ニュースを見てみよう

NHK手話ニュース	NHK教育テレビ	平日13:00～13:05／土・日19:55～20:00
NHK手話ニュース845	NHK教育テレビ	平日20:45～21:00／祝日20:45～20:50
週間手話ニュース	NHK教育テレビ	原則土曜日11:45～12:00
こども手話ウイークリー	NHK教育テレビ	日曜日19:45～19:55
NNNニュースサンデー	日本テレビ系	日曜日6:45～7:00

　手話ニュースを見てみましょう。手話をするひとの表情がとてもゆたかなことに気づくでしょう。手話では表情もことばであるということがよくわかります。

③ ヘッドホンで音楽を聞いてみよう

- インターホン、電話の着信音が聞こえない 
- ひとに話しかけられても気づかない 
- 自転車に追いこされておどろく 
- 自動車の走る音が聞こえない

耳をすっぽりおおうタイプのヘッドホンで音楽を聞いてみましょう。まわりの気配がなくなり、街中ではかなりの怖さを感じます。長時間聴いていると耳を痛めますので、気をつけましょう。

アドバイス

聴覚障害のひとの生活をサポートするためには、音声情報を手話や文字、イラストなどの視覚情報に置きかえることが有効です。しかし、それは同時に健常者にとってもべんりになることなのです。

字幕放送やリアルタイム字幕放送は、かならずしも聴覚障害者のためだけのものではありません。街頭などのうるさい場所や、反対に病院など静かにしていなければならない場所では、字幕放送がとても役立ちます。

駅などには多くの文字情報が流れています。プラットホームの電光掲示板や列車内のモニタなどは聴覚障害者にとっても、健常者にとっても大切な情報源です。

多くの人が生活しやすいように、音声だけによる情報提供ではなく、つねに手話や表示、絵などの視覚言語や情報と組み合わせて伝えていくことが大切です。そしてそのような環境を整えることが、聴覚障害者のためにもなるのです。

体験しよう2 手話であいさつや歌に挑戦しよう

わたしたちは、毎日いろいろなひとたちとあいさつをしています。あいさつをすることで、はじめて出会ったひとたちとも、いつも会っているひとたちともこころを通わせることができます。

また、わたしたちは、いろいろなときに歌を歌います。おなじ歌をいっしょに歌うことで、その場にいるひとたちとこころを通わせることができます。

聞こえに障害があるひとたちとのあいだでもおなじです。少しちがうのは、それを声だけではなく、手話でもおこなうところです。

この項目では、手話によるあいさつや歌を紹介します。どれも、何度か練習することで、かんたんに身につけることができます。おぼえたら、どんどんつかってみましょう。聞こえに障害のあるひとたちとのあいだが、ぐっと近くなるでしょう。

1 おはよう、こんにちは、こんばんは

●基本のあいさつ

両手の人差し指を立て、おたがいの指があいさつをするように内側に曲げます。

●「おはよう」は朝＋基本のあいさつ

右手でこぶしをつくってこめかみからあごのほうに下げます。こぶしをまくらに見立てて、起きることを表しています。

●「こんにちは」は昼＋基本のあいさつ

ちょうど正午の針の位置を表すように、右手の人差し指と中指をのばしてくっつけ、顔の前で立てます。

●「こんばんは」は夜＋基本のあいさつ

両手のひらを前に向けて広げ、顔の前で交差させます。暗くなることを表しています。

「おはよう」「こんにちは」「こんばんは」は、基本のあいさつの手話に時間を表す手話を組み合わせて表現します。

2 ありがとう

左手の手のひらを下に向け、右手で一回切るようにします。

3 すみません

親指と人差し指でものをつまむようにしておでこのところにつけ、はなすと同時に、手刀を切ります。

4 さようなら

ふつうにさよならをするように手を左右にふります。

5 うれしい（楽しい）

両手のひらを手前に向け、交互に上下させます。

6 わかる、わからない

● わかる

相手に手の甲を見せて指を全部ひらき、むねから下に下げます。

● わからない

わかると同じ手の形で、下から上に上げます。

7 できる、できない

● できる

右手の指先を左むねのはじにあて、カーブを描きながら右のむねに動かします。

● できない

右手の人差し指と親指でほおを軽くつまみます。

8 手話で自己紹介する

● はじめまして

① 両手を重ねた状態から、上に置いた方の手のひらを丸めながら、人さし指だけをつき出します。
② 両手の人さし指を、自分と相手側の位置に立てて向かい合わせた状態から、おたがいに近づけます。

● わたしの名前は森です。

① ② ③ ④

① 人さし指で自分を指します
② 手のひらを相手に向け、他方の親指で2度軽くたたきます。ハンコを押す動作に似ています。
③ 両手の甲を相手に向けて交互に上下させます（「森」を表す手話。この部分はひとによって変わる）。
④ 人さし指を立てたまま、自分の口元から前に出します。

9 よろしくお願いします

よろしく

お願いします

① 鼻につけたにぎりこぶしを、前方へつき出します。
② 右手を顔の前に立てて出し、前にたおします。

10 『さんぽ』を手話で歌おう

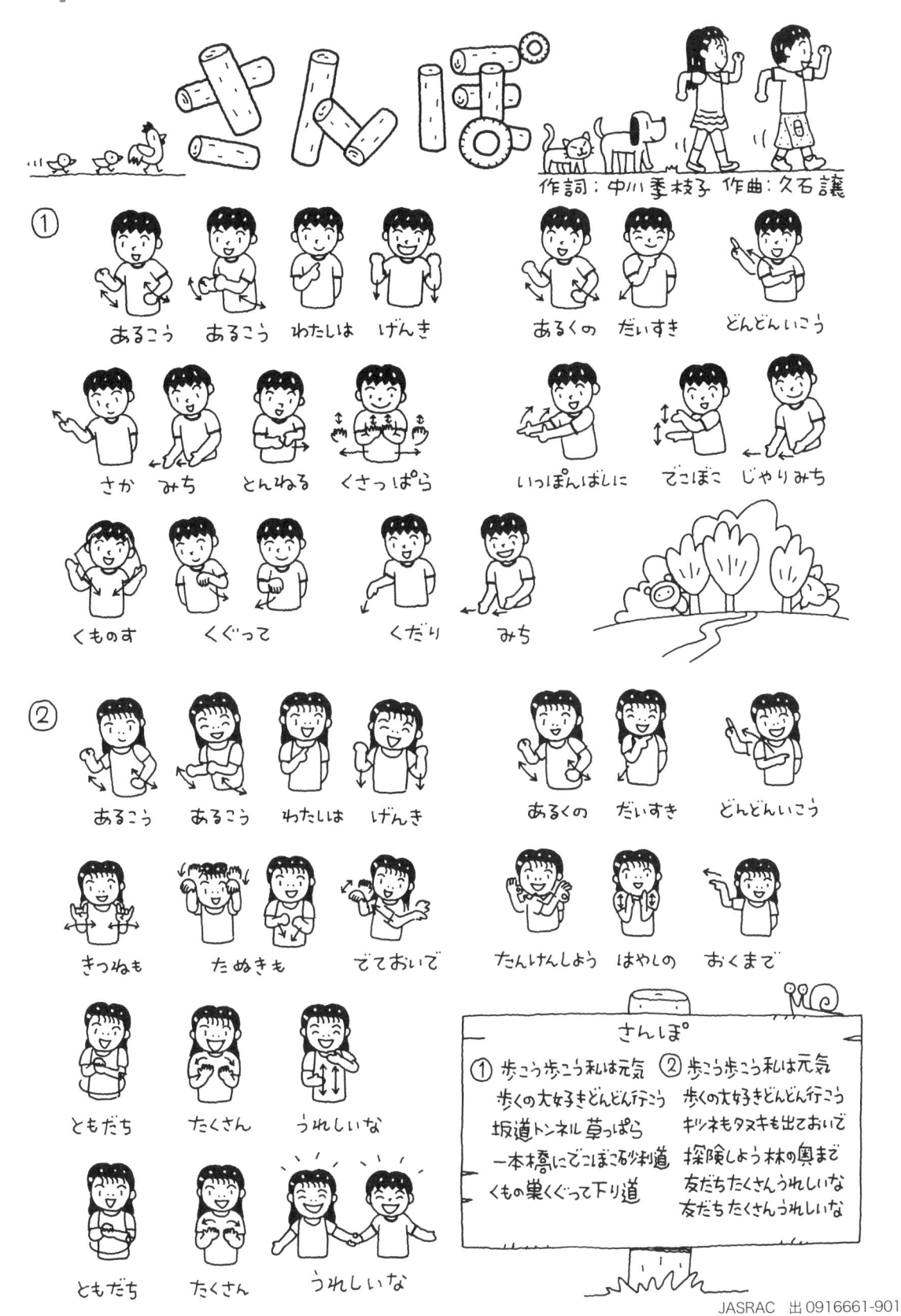

作詞：中川李枝子　作曲：久石譲

① あるこう　あるこう　わたしは　げんき　あるくの　だいすき　どんどんいこう
さか　みち　とんねる　くさっぱら　いっぽんばしに　でこぼこ　じゃりみち
くものす　くぐって　くだり　みち

② あるこう　あるこう　わたしは　げんき　あるくの　だいすき　どんどんいこう
きつねも　たぬきも　でておいで　たんけんしよう　はやしの　おくまで
ともだち　たくさん　うれしいな
ともだち　たくさん　うれしいな

さんぽ

① 歩こう歩こう私は元気
歩くの大好きどんどん行こう
坂道トンネル草っぱら
一本橋にでこぼこ砂利道
くもの巣くぐって下り道

② 歩こう歩こう私は元気
歩くの大好きどんどん行こう
キツネもタヌキも出ておいで
探検しよう林の奥まで
友だちたくさんうれしいな
友だちたくさんうれしいな

JASRAC　出0916661-901

第3章　聞こえと発音に障害のあるひとをサポートする

体験しよう 3 特別支援学校の友だちを訪問しよう、招待しよう

　障害のある子どもと、小中高校の子どもが交流する、交流学習という活動があります。手紙やメールでのやり取りだけのこともありますが、小中高校の子どもが特別支援学校（従来の盲学校やろう学校、養護学校）を訪問したり、反対に特別支援学校の子どもが小中高校を訪問したりして交流することもあります。

　交流をすることによって、小中高校の子どもたちは、障害のある子どもたちがどのように生活をしているかを知ったり、サポートのしかたやコミュニケーションのしかたを学んだりすることができます。一方、障害のある子どもたちにとっては、社会で生活していく練習になったり、自分の障害の特性を相手に伝える貴重な機会になったりします。

　この項目では、特別支援学校の友だちを訪問したり、招待したりするときのポイントについて解説します。

1 事前準備をする

●交流学習までの準備

①訪問先（招待先）の学校の先生に連絡する
②日時や訪問（招待）できる人数を決める
③どんな交流ができるのか、どんな方法でコミュニケーションできるのか確認する
④それを文書にして交流の内容を確認する

特別支援学校の友だちを訪問したり、招待したりするときには、前もって手紙やメールで交流の内容を決めておきます。

●よろこんでもらえるようにくふうする

手紙にきれいな絵やメッセージを入れたりして、相手によろこんでもらえるようにくふうしましょう。

2 訪問する

●訪問は少人数で

「こんにちは。はじめまして」

訪問は少人数からはじめます。特別支援学校は、小中高校よりも生徒の数が少ないことが多いので、たくさんのひとがくると緊張してしまいがちです。

●輪になってすわったままあいさつしよう

輪になってすわったままあいさつすれば、親しみやすくなり、緊張がやわらぎます。

③ あそぶ

・将棋
・読みきかせ
・トランプ
・楽器演奏
・ドッジボール

　ろう学校でも、補聴器で音を聞き取ったり、からだでリズムを感じたりできる子どもがたくさんいます。盲学校では音楽交流などがしやすいでしょう。どんな交流ができるか、事前に確認してみましょう。

④ 障害についてまなぶ

●質問をする

●交流する

特別支援学校の先生に、学校でのふだんの生活のようすや、じぶんたちができる交流について質問してみましょう。

特別支援学校の子どもたちと、登校から下校までの生活のようすを発表し合います。いっしょに給食を食べるのもよい方法です。

⑤ 招待する

●校内を案内する

●いっしょに勉強する

校内を案内するときは、相手が目に障害があるなら、ひじを持ってもらってとなりを歩いてあげます。耳に障害がある場合は、相手から見えるように少し前を歩きます。

交流がふかまってくれば、いっしょに勉強することもできます。ペアになって学習を進めましょう。また、音楽など、いっしょに歌ったり楽器を演奏したりするのも楽しいことです。

第3章　聞こえと発音に障害のあるひとをサポートする

【コラム】障害とともに生きるスポーツ選手

■障害者のスポーツ参加はむずかしかった

現在では、障害のあるひとがさまざまなスポーツを楽しむことは当たり前の光景になりつつあります。ところが、少し前まではそうではありませんでした。

障害者が参加できるスポーツの種類が少なく、安心してとり組める場所や設備もほとんどありませんでした。

障害者がスポーツすることに対する社会の関心や理解の度合いも低く、たまたま実際の光景を目にする機会があっても、「何をしているの？」「障害者がスポーツなんかする必要があるの？」などというひとも少なくありませんでした。

■パラリンピックの成功

こうした状況を変え、障害者がスポーツをすることに対する世の中の理解をふかめることに大きな役割を果たしたのが、パラリンピックです。

パラリンピックとは、4年に1度、オリンピック開催年にオリンピックと同じ会場でおこなわれる、身体障害者のための世界最大のスポーツ大会です。

2008年の北京パラリンピックでは、水泳の河合純一選手や車いすテニスプレーヤーとして初のプロ選手となった国枝慎吾選手など、多くの選手が活躍し、日本中がわきました。

2010年冬には、バンクーバーでパラリンピックが開催されます。

©越智貴雄／カンパラプレス

クロスカントリーとバイアスロン代表の新田佳浩選手やアルペンスキー代表の大日方邦子選手などは、メダルの獲得が期待されています。そのほかにも、車イスカーリングやアイススレッジホッケーなどの団体競技にも大きな注目が集まっています。

このように、パラリンピックに対する関心が高まることで、スポーツを楽しむ障害者の存在が一般のひとにとっても身近になり、そのことが、障害そのものへの関心や理解をふかめることにもつながっているのです。

■スペシャルオリンピックス

障害のあるひとが参加してスポーツ活動に挑戦する場はほかにもいくつかあります。

なかでも広く知られているものに、スペシャルオリンピックスがあります。

スペシャルオリンピックスは、知的障害や発達障害のあるひとの自立や社会参加をうながすために、「オリンピック競技種目に準じたさまざまなスポーツトレーニングと競技の場を提供し、参加したアスリートが健康を増進し、勇気をふるい、喜びを感じ、家族や他のアスリートそして地域の人々と、才能や技能そして友情を分かち合う機会を継続的に提供」することを目的としています。

そのため、スペシャルオリンピックスでは競技会での成績や順位だけを競い合うことはしません。競技会は日常的なトレーニングの成果を発表する場と位置づけられ、スポーツを通じた参加者ひとりひとりの成長の過程が重視されるのです。そして、競技会という日ごろの環境とはまったくちがう場で自分の力を出し切ったことに対して、参加者全員が表彰されます。

このように、スペシャルオリンピックスは、成績や順位を争う競技スポーツの大会である「パラリンピック」とは大きなちがいがあります。しかし、スポーツを通じて自分自身の可能性を広げようと努力する参加者の姿は、パラリンピックとおなじように、多くのひとに感動を与えています。

第4章

お年寄りをサポートする

　日本は超高齢社会（ちょうこうれいしゃかい）となりました。年をとると、手足や視覚・聴覚に障害が起こりやすくなりますし、孤独感に苦しんだり認知症（にんちしょう）になったりと、内面的な問題も起こってきます。第4章では、こうしたお年寄りのかかえる問題への理解をふかめ、どのように接していくとよいのかを学びましょう。

1 年をとるって どういうこと？

　だれもがいつかはかならず直面することなのに、そのときになってみないと考えようとしないことのひとつが「年をとることの大変さ」です。
　「こんなかんたんなことがどうしてできないの？」「のろのろしていないでもっとてきぱき動いてよ！」
　お年寄りの大変さを理解していないひとは、そんな乱暴なことをいうときがあります。
　まずは、お年寄りがどんな困難に直面するものなのかを考えてみましょう。大切なのは、お年寄りの気持ちや立場になって考えることです。それは、人間として生きる上でとても大切な思いやりを育てることでもあります。お年寄りを理解し、よりそうことでまわりのひとすべてを大切にする心が生まれるでしょう。
　じぶんもかならず年寄りになる日がきます。それを考え、お年寄りの大変さを共有したいものです。

1 からだがおとろえる

●感情
怒りっぽくなったり、涙もろくなったりします。夜よく眠れなくなったりもします。

●耳
話しかけられても「え？」と聞き返すことが多くなります。音がこもってしまったり、とぎれて聞こえたりするようになるためです。

●筋肉
筋力がおとろえ、長いきょりを歩けなくなったり、動きがゆっくりになったりします。尿もれしやすくなったりもします。

●ことば
声を出しづらくなったり、口の筋肉がおとろえて発音がうまくできなくなったりします。

●内臓
内臓が弱くなり、さまざまな病気にかかりやすくなります。

●歯
60歳代の人では平均15本、70歳代の人で平均20本の歯がうしなわれます。そのため、固いものが食べづらくなり、食事に時間がかかるようになります。歯がぬけることで、発音がうまくできなくなります。

●骨
骨がもろくなるとともに、背中が丸まって前かがみの姿勢になり、背が低くなります。ころんだだけで骨折してしまうこともあります。

●手足・関節
手足の筋力もおとろえ、疲れやすくなります。関節のクッションがうすくかたくなり、痛みが出やすくなります。そのため動作がゆっくりになります。

●目
視力がおとろえ、まわりのものの見分けがつきにくくなります。目を動かす筋力もおとろえるので、下や横を確認することができず、からだをぶつけてしまったり、ころんでしまったりします。

2 こころが不安定になる

●気力がなくなる

それまで健康だったひとも、からだがおとろえたり、病気にかかったりすると、急に気力がなくなってしまうことがあります。

●不安になる

からだのおとろえを感じたり、定年退職をしたり、子どもが独立したりといったことから、なんとなく不安になります。落ち着きがなくなる、さびしがる、不平不満をもらす、自分勝手になる、がんこになるといったことも、不安が原因の場合があります。

3 身近なひとをうしなう

●子どもや孫の自立

子どもや孫が自立し、家をはなれます。よろこばしく思うと同時に、親、祖父母としての存在価値がうしなわれたと感じることがあります。

●身近なひとの死

夫や妻、友人など、家族や身近なひとを亡くすことが多くなり、ひとをうしなうかなしみと同時に、自分だけが取り残されるさみしさを感じます。

●自分の死

自分の死について考えるようになります。長生きしたいと思う一方で、人生をどのように終えるかが大きな問題になってきます。

2 認知症ってどんな病気？

　現在、全国におよそ 160 万人の認知症のお年寄りがいるといわれています。
　認知症というのは、おとなになって脳が十分に成長発達した後に、何らかの原因でその機能が損なわれ、脳の機能が低下する病気です。これまで、ぼけや痴呆とよばれていましたが、差別的な表現であることから、認知症という新しい病名が用いられるようになりました。
　認知症になると、もの忘れがひどくなったり、家族や自分の名前などがわからなくなったり、意図のわからない行動をとったりするようになり、まわりのひとをとまどわせます。
　しかし、認知症は本人にはどうすることもできない病気です。また、どんなひとでも年をとれば、体や脳の機能がおとろえます。それは自然なことなのです。思いやりをもって接することができるように、認知症の基本的なことについて学びましょう。

1 認知症の代表的な症状

脳の機能が低下する	・もの忘れがひどくなる ・日づけや場所、家族や自分の名前がわからなくなる ・計算ができなくなる
日常生活がじぶんでできなくなる	・家事などの段取りがわからなくなる ・ひとりでトイレや風呂に入れなくなる ・ひとりで着替えができなくなる
こころが不安定になる	・妄想がひどくなる ・不安におそわれる ・うつ状態になる
意図のわからない行動をとる	・話のつじつまが合わなくなる ・最初の目的を忘れて街を歩き回る ・感情のコントロールがむずかしくなる

　認知症になると、それまで当たり前にできていたことができなくなったり、まわりのひとが理解できない行動をとったりします。こうしたことでいちばん苦しんでいるのは、本人です。まわりのひとも、とまどい、対応に疲れてしまいがちです。

2 おかしな言動にも理由がある

> どうしたんですか
>
> さいふをさがしていたんだ
>
> なるほど、さいふをさがしていたんですね
>
> そうなんだ

　どんなおかしな言動にも本人なりの理由があります。理由がわかればその行動は合理的に説明できます。理由自体がおかしかったとしても、まずはそれを受け止める気持ちで聞くことで、本人の不安や不満をやわらげることができます。

3 すべての能力をうしなうわけではない

●得意なことはいつまでも得意

●できることを見つけて生きがいをつくる

> とめさんは野菜を切ってください

認知症になればなにもできなくなるわけではありません。健康だったときに得意だったことなどは、認知症になってからもおどろくほどじょうずにできたりします。

得意なことを見つけることで、本人もまわりも楽しく過ごすことができます。そうすれば、不安も減って行動が落ち着きます。

4 本人がいちばん苦しんでいる

●能力がうしなわれていくことを自覚している

●こまったことをしてもしからない

> きょうは何日？
> 23日よ（何度めかしら…）
> そう……（また忘れてて申し訳ないわ）

> ここに置いておいたはずのお金がない！○○がぬすんだんだ
> （そんなはずはないけれども）そうですか。こまりましたね。いっしょにさがしましょう
> （べつな場所で見つかって）「ここにありました。見つかってよかったですね！

認知症になると、本人はじぶんの状態がまったくわからなくなるとされていましたが、能力がうしなわれていくことを自覚して不安に思っていることがわかってきました。

自分の行動に不安を持っています。頭ごなしにしかると、自信をなくしたり、傷ついたり、反発したりして、行動がますます不安定になることもあります。

アドバイス

身近なひとが認知症になり、毎日世話をしなければならなくなったまわりのひとのこころとからだには、たいへんなショックと負担がのしかかります。そのため、認知症のお年寄りを子どものようにあつかったり、すぐにしかりつけたりしがちです。

しかし、いくら認知症が進行しようと、お年寄りは子どもではありません。長年生きてきた経験があり、自尊心をもち続けています。

認知症のお年寄りは一見おかしな行動をとることが多くなります。しかし、その行動には子どものころのまわりの環境や、若いときの仕事の内容などが反映していることが多いといわれています。認知症のお年寄りを理解するためには、そのひとの生活の歴史を知ることも大切なのです。

認知症になったとしても、そのひとの人生の尊さにはなにも変わりありません。人生の先輩として敬意をはらい、毎日の生活が少しでも快適に、幸せなものになるようにサポートすることがとても大切です。

3 お年寄りをサポートしよう

　どんなひとも、年をとるにつれ運動機能がだんだんおとろえていきますが、その変化は外見からはなかなか判断しにくいものです。お年寄りの表情やそぶりなどからそれに気づき、必要なサポートができるようにしたいものです。

　からだのおとろえは自然なことですが、いままでできて当然だったことができなくなっていくのは、やはりさみしいものです。お年寄り自身がいちばん残念に思っていることでしょう。

　ですから、お年寄りをサポートするといっても、子どもにするように大げさにはげましたりする必要はありません。反対に、「どうしてこんなかんたんなこともできないの」などと責めたりしないようにします。

　この項目では、お年寄りの運動機能のおとろえの特徴から、どんなサポートをしたらよいかについて考えていきます。

1 体の筋力が低下して動きがゆっくりになる

●重い荷物をかわりに持つ

「荷物はわたしが持ちます」

うでの筋力が低下して、重いものを持って歩くのが大変になります。足腰も弱くなるので、重いものを持つところびやすくなります。荷物はかわりに持つようにします。

●せかさないで待つ

「ゆっくりでいいですよ」

お年寄りは自分では急いでいるつもりでも、筋力や関節のおとろえとともに行動がゆっくりになります。せかさずに待ちます。

●電車やバスの席をゆずる

「どうぞ」

席をゆずります。「わたしは年寄りじゃない」と断られたら、「どうもすみません」とあやまります。「せっかくゆずったのに」などと腹を立てるのではなく、相手の立場や気持ちを思いやることが大切です。

2 耳が遠くなる

●低い声でゆっくり話す

年をとると耳が遠くなり、とくに高い音が聞き取りにくくなります。低く大きめの声でゆっくりと話します。

3 目が見えにくくなる

●段差などがあることを知らせる

「段差があるので気をつけてください」

視力や目を動かす筋力が低下するので、上下左右のちょっとしたものに気づかず、ぶつかったり、つまずいたりしやすくなります。小さな段差などがある場合には、お年寄りの見える位置から声をかけます。

●かわりに読む

小さな字が読みにくくなります。近くで読んであげるととてもよろこばれます。

4 新しいことを考えるのがめんどうになる

●いき先を聞いて案内する

「おこまりですか？そこまでいっしょにいきましょう」

新しいことを覚えるのが苦手になり、地図や案内板を見ながら慣れない場所にいったりするのがめんどうになります。こまっているようすに気づいたら、気軽に声をかけてみます。

●手紙を出す

からだがおとろえるとともに、読み書きがめんどうに思うことがあります。手紙を出してみましょう。身近なひとからの手紙ならば、読んで返事を書く気力がわきます。

5 体調がすぐれなくなる

●たのしく食事をする

歯がぬけたり、あごの力が弱くなったりすると、内臓の調子がわるくなり、食欲がわかず、食べるものが限られがちです。みんなで楽しく、おいしく食卓をかこみます。

アドバイス

このほかにも、白髪になる、髪の毛がぬける、シワができる、背中が丸まる、味やにおいを感じにくくなる、病気にかかりやすくなる、すぐにトイレにいきたくなる、などさまざまな変化が現れます。

こうしたからだのおとろえは、だれにでも自然と起こりますが、本人にとってはとても気になることです。まわりのひとがそれを自然とサポートするようにしましょう。

4 お年寄りと話すとき

　会話には、こころにはりあいを持たせ、気持ちを明るくし、ストレスを解消させる効果があります。お年寄りにとっては、社会とのつながりをたしかめる数少ない機会でもあります。

　日本は超高齢社会といわれ、5人に1人が65歳以上の高齢者という時代になりました。

　ところが、お年寄りの多くは、日ごろ顔を合わせるひとが決まってしまいがちで、会話の内容も似たものになりがちです。ひとり暮らしの場合は、一日中だれとも会話できない場合もめずらしくありません。まわりのひとが積極的にかかわって会話することが求められます。

　お年寄りとの会話にはいくつかの注意点があります。この項目では、お年寄りと話をするときのポイントを学びます。

　このポイントをもとに、お年寄りとのよりよいコミュニケーションをはかり、よい関係をつくっていきたいものです。

1 会話のペースがゆっくりになる

ことばもゆっくりになります。お年寄りのペースに合わせて聞きます。

2 同じ会話をしがち

○○さんと出かけてね…

（さっきもその話をしてたな……）
ところで、○○さんとはいつお知り合いになったのですか？

　お年寄りは、昔のことはよく覚えていますが、新しいことを覚えるのが苦手です。また、じぶんが話したことを忘れてしまい、何度も同じ話をしてしまいがちです。上手に相づちを打ち、質問をしたりして話を発展させるとたのしくなります。

3 イライラ感、不安感、孤独感を持っている

●からだのおとろえを感じてイライラしている

おじいさん

わたしはまだ若いんだ！

自分はまだ若いと思い、老人あつかいをされることに反発を感じ、スムーズなコミュニケーションをさまたげる場合があります。お年寄りの自尊心を大切にしましょう。

●憎まれ口をたたく

ほっといてくれ！

親切心からしたことでも、不安感や孤独感により、素直にそれを受けとれなくなっているお年寄りもいるのです。じょうずにきょりをとりながら、自分の気持ちを伝えましょう。

4 プライドがある

「若いものには まだまだ負けんわ」

長く生きてきた人間としてのプライドがあります。「まだ?」「だめね!」「やってあげる」といった子どもあつかいをしてはいけません。

● お年寄りをうやまう

「ありがとう ございました」

お年寄りは年長者です。とくに家族や親せきでないひとには、ていねいなことばで話します。「ありがとうございます」「よろしくおねがいします」といったことばを自然につかうと、おたがいにとても気持ちよく会話できます。

● お年寄りの経験談や体験談をたずねる

お年寄りに聞いてみたいこと

・子どものころの話
・若いころしていた仕事の話
・趣味の話
・昔の学校の話
・戦争の体験
・家族の話

お年寄りの若いころの話などを聞いてみます。わからないことは質問します。話に興味を持っていることが伝わり、会話がはずみます。

5 楽しく会話をするコツ

● 低めの声でゆっくりと話す

高い声や早口はお年寄りにとって聞き取りにくいものです。ふだん話すよりも少し低い声で、ゆっくり落ち着いて話をします。

● 話題は一度にひとつにする

「きょうは、学校で〇〇して、〇〇して、〇〇して、〇〇ちゃんと遊んだよ」

一度にたくさんのことをいわれるのが苦手です。同時にいくつものことを理解しようとすると混乱して、イライラしたり、自信をなくしたりします。

アドバイス

お年寄りとの会話にはこのような注意点がありますが、とくべつな技術や方法が必要なわけではありません。相手の立場を思いやるという、会話の基本を守ればよいのです。

自分のことだけを考えて自分の好きなように話をしていると楽しい会話はできません。日ごろから、いろいろなひとと、相手を思いやった会話をするように気をつけます。

5 街を観察してみよう

　21世紀の日本は超高齢社会です。
　すでに日本の人口の5人に1人は65歳のお年寄りですが、国立社会保障・人口問題研究所は、2030年には人口の31.8％、2055年には40.5％が65歳以上の高齢者になると予測しています。これからは、お年寄りがくらしやすい街づくりをしていく必要があるでしょう。
　高齢者向けの設備や施設として、「優先シート」や「段差のない通路」などがよく知られていますが、この項目ではそれ以外の、まだあまり知られていない取り組みなどを紹介します。
　また、高齢者向けにつくられたものではなくても、結果的に高齢者にとっても利用しやすい設備や施設もあります。
　じぶんがくらしている街ではどのような取り組みや設備、施設があるか、ぜひ調べてみましょう。

1 地域のひとびとが助け合う

●街のコンシェルジェ

　東京都品川区の中延商店街では、そうじや洗たく、電球の取り替え、庭の手入れ、パソコン指導など、地域に住むひとびとのこまりごとを、地域のボランティアが手伝う「街のコンシェルジェ*」がおこなわれています。
＜注＞
＊コンシェルジェ：ホテルなどの施設で、客からのさまざまな質問や要望に対応する総合案内係のこと

2 障害者用の設備や施設は高齢者にとっても便利

●車いす用の自動販売機

お金を入れるところが低い位置にあり、また、まとめて受け皿に入れればすむので、お年寄りにとっても便利です。

●車いす用のゆるいスロープ

段差がなくつまずいてころぶ心配が少ないので、お年寄りにとっても安全です。

　もともとは障害者向けにつくられたもののなかには、お年寄りにとっても便利で安全なものがたくさんあります。

③ お年寄り同士が助け合ってくらす「グループリビング」

最近、血縁関係のないお年寄り同士がひとつの家で生活をともにすることが増えてきました。からだのおとろえをおぎない合い、不安や孤独感をなくす住まいかたとして、各地で広がりを見せています。

グループリビングは、老人ホームなどとちがって、介護するひとはおらず、おたがいに助け合って自立した生活を送ろうとするひとたちのための場です。

④ お年寄り同士が交流する場「街中サロン」

お年寄りに集まってもらう場をつくろうとしている地域があります。商店街の空き店舗などを利用したり、ショッピングセンター内にお年寄りのための無料休憩所をつくったりしています。外出の機会の少ないお年寄りに、自宅以外の居場所を見つけてもらい、仲間づくりをしてもらうことが目的です。

アドバイス

お年寄り向けのサービスが増えています。しかし、お年寄りが集まるところ、若者が集まるところと分かれてしまうのは望ましくありません。それでは、社会や文化を受け継ぎ、発展させることがむずかしくなります。

とはいえ、お年寄りのほうから、若者に歩みよるというのはなかなか大変です。若い世代がお年寄りに興味関心を持ち、お年寄りの集まりにまざってみたり、ときにはボランティアに参加してみたりと、積極的にかかわっていくことが求められます。

超高齢社会を考えると、お年寄りと若者など、異なる世代がいっしょに時間をすごすことがあたり前になることが理想です。そのためには、世代を超えてみんながいっしょに過ごせる「場」と「機会」をいかに設けることができるかが重要です。

みなさんの近所に、みんなが集まれる場所やイベントがないか調べ、もしあるようなら、積極的に参加してみましょう。

体験しよう 1 「お年寄り体験キット」で歩いてみよう

　「お年寄り体験セット」をつかってお年寄り体験をしてみましょう。

　体験セットのおもな内容は、ゴーグル、耳せん、ベルト、手ぶくろ、おもり、つえなどです。これらを身につけることで、お年寄りの目の見え方や耳の聞こえ方、からだの動きなどを体験することができます。

　お年寄り体験セットはいろいろな種類のものが市販されていますが、いずれも高価なものですので、まずは市町村の社会福祉協議会に問い合わせてみましょう。実物がない場合は、ほかのもので代用します。耳せんや手ぶくろは専用品でなくてもかまいません。

　お年寄り体験セットを身につけると、からだの各部分の動きや機能が制限されます。そのため危険がともないますので、ふたりひと組、あるいは数人がグループになって取り組んでください。

1 お年寄り体験のしくみとねらい

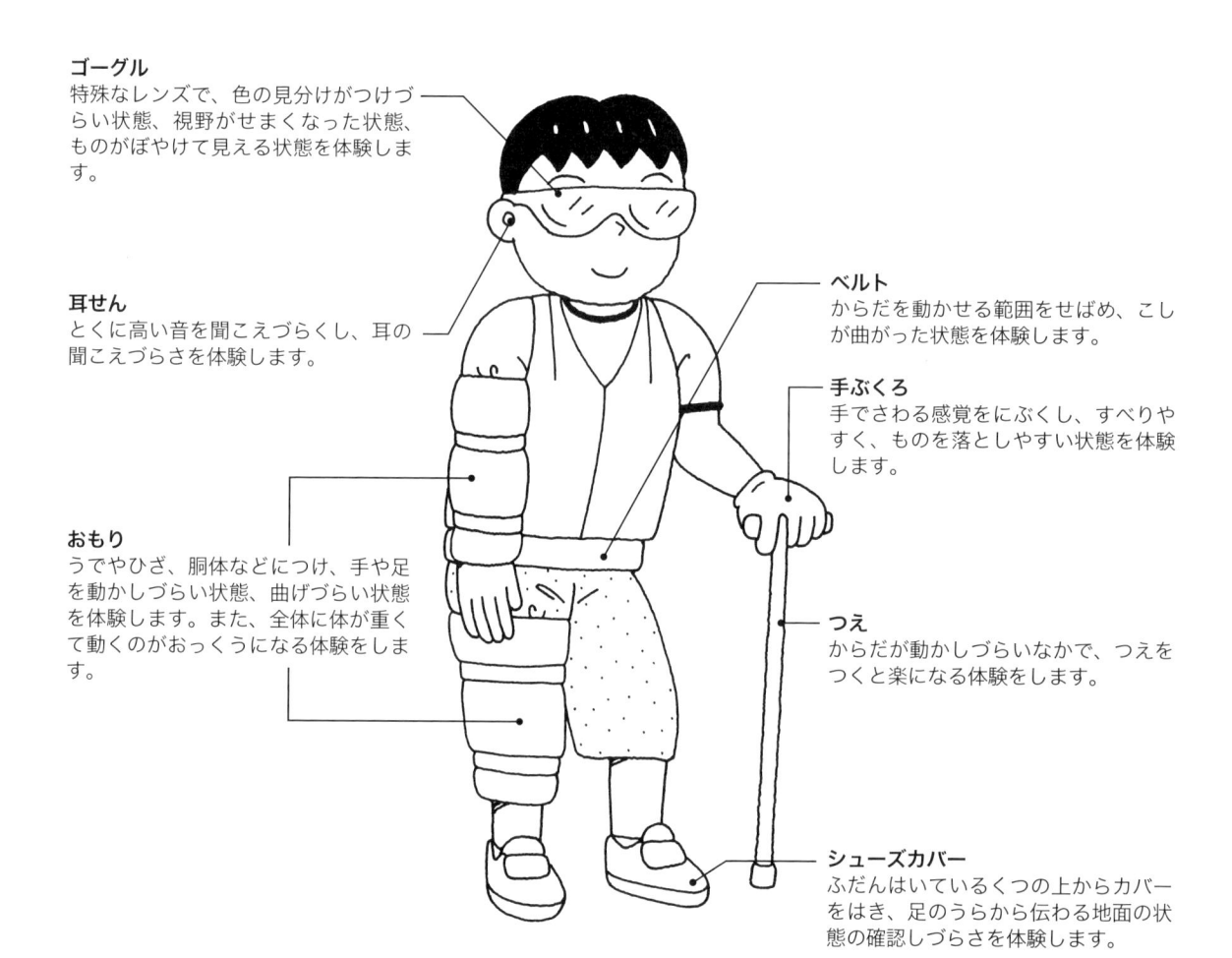

ゴーグル
特殊なレンズで、色の見分けがつけづらい状態、視野がせまくなった状態、ものがぼやけて見える状態を体験します。

耳せん
とくに高い音を聞こえづらくし、耳の聞こえづらさを体験します。

おもり
うでやひざ、胴体などにつけ、手や足を動かしづらい状態、曲げづらい状態を体験します。また、全体に体が重くて動くのがおっくうになる体験をします。

ベルト
からだを動かせる範囲をせばめ、こしが曲がった状態を体験します。

手ぶくろ
手でさわる感覚をにぶくし、すべりやすく、ものを落としやすい状態を体験します。

つえ
からだが動かしづらいなかで、つえをつくと楽になる体験をします。

シューズカバー
ふだんはいているくつの上からカバーをはき、足のうらから伝わる地面の状態の確認しづらさを体験します。

2 いろいろな動きをしてみよう

●階段を上る、下りる
- 転落の不安やこわさはありませんか？
- 上り下りはしやすいですか？

●食事をする
- ものをつかめますか？
- はしなどで細かいものを食べられますか？

●すわる、立つ
- すばやく立てますか。
- ころばずすわれますか。

●歩く
- まわりはよく見えますか？
- まわりの音はよく聞こえますか？
- 思い通りに歩けますか？

第4章 お年寄りをサポートする

3 お年寄り体験を活かそう

本を読む	かいだん ころびそう… だれがいると あんしん	ろうかを歩く
いすに こしかける	字を書く えんぴつが もちにくい	はさみで 紙を切る うまく切れ なかった
食べる	おしゃべりする なかなか	外を歩く とてもこわい

　お年寄り体験をしたら、どんなとき、どんなところが大変だったか、どんなサポートをしてほしかったかを話し合ってみましょう。そして、お年寄り体験で体験したこと、感じたことをもとに、じぶんたちはどんな場面でどんなサポートができるのか、考えてみましょう。

体験しよう 2　ひとり暮らしのお年寄りを訪問しよう

　地域には、ひとり暮らしのお年寄りがたくさんいます。外出する機会もあまりなく、話す相手も少ないため、どうしても家にこもりがちになってしまいます。そうするうちに、少しずつ元気をなくし、からだもおとろえていきます。
　そうしたことをふせぐため、地域の自治体や、市民団体などでは、ひとり暮らしのお年寄りの家を訪問する活動をおこなっていて、子どもたちもたくさん参加しています。

　訪問先では、つくってきた食事をくばったり、お年寄りの話を聞いたり、庭の草むしりをしたりと、さまざまな交流をしています。
　自分たちにできることはなにかを考え、楽しくコミュニケーションをとりつつ、お年寄りも自分たちも元気になれる訪問ができればよいでしょう。このページに書いてあるこつや準備を参考にして、お年寄りと楽しく時間をすごしましょう。

1　ひとり暮らしのお年寄りのさみしさ

●話し相手がいない

ひとり暮らしのお年寄りは、ひとことも声を発さない日もあります。ものごとをよくない方向に考えがちです。

●生活が単調になり考えなくなる

だれかになにかをたのまれることも少なくなり、じぶんのことだけをすますことで生活が単調になります。その結果、多くのことを考えなくなりがちです。

2　楽しい訪問にするくふう

●聞きじょうずになる

お年寄りの話にしっかり耳をかたむけ、興味のある話にはどんどん質問をしましょう。聞きじょうずになれば、お年寄りとのコミュニケーションがはずみます。

●むかしのあそびを教わる

お年寄りに、カルタ、おはじき、お手玉、コマ回しなどのむかしの伝統的なあそびを教えてもらうのもよいでしょう。

92

● いっしょにそうじをする　　　　　　　　● 暗い気分を明るくするプレゼントをする

お年寄りといっしょに部屋のそうじをしましょう。窓ふきやあみ戸のそうじなど、ふだんの生活ではあまりきれいにしないところをそうじします。からだを動かせば、すっきりとした気持ちになります。

気分が明るくなる贈り物をしましょう。部屋に長くおいておくことができて、それを見るとこころがなごむものがよいでしょう。花や手書きの手紙、絵などがよいでしょう。

③ しっかりと準備をしよう

①訪問先を決める	自治体の福祉課や、地域の社会福祉協議会（しゃかいふくしきょうぎかい）、地区のまちづくり団体、地区の消防団などの団体が、お年寄りの訪問を定期的におこなっています。それらに連絡し、訪問可能なお年寄りを紹介してもらいます。
②どんなお年寄りかを確認する	紹介されたお年寄りの名前や連絡先だけでなく、お年寄りの好きな話題、きらいな話題、趣味、して欲しいこと、して欲しくないことなどを聞いておきます。

　ひとり暮らしのお年寄りの家に訪問するときには、事前の準備が大切です。準備がしっかりできれば、トラブルを防止できますし、お年寄りとの会話もはずむでしょう。

アドバイス

　訪問先で気をつけたいのが、おしつけないこと、してやっているという態度にならないことです。「訪問してやっている」という態度だと、お年寄りも「きてもらわなくてけっこう」という気持ちになります。お年寄りに対して敬意をはらい、お年寄りから教わるという気持ちで訪問しましょう。

　また、一度訪問して終わりではいけません。最初の訪問がひとり暮らしのお年寄りとの関係をつくる第一歩だと考え、訪問後は、お礼の手紙を書いたり、手づくりのプレゼントを贈ったりして、交流をふかめることが大切です。

　できるだけ、ひとりではなく、複数の友だちと訪問しましょう。お年寄りとふたりきりになると、じぶんなりにきちんと準備してきたつもりでも、ドキドキしてしまってじょうずにお年寄りとの時間をすごすことができなくなりがちです。ふたり以上でいけば、安心してお年寄りと交流をふかめることができます。また、お年寄りにとっても、たくさんで訪問してもらったほうが、楽しく時間をすごすことができます。

体験しよう 3　施設で介護体験をしてみよう

　からだに障害のあるひとのお世話をすることを介護といいます。超高齢社会をむかえ、だれもが障害者になる可能性が高まるなか、介護はとても切実な問題になっています。

　お年寄りが暮らす施設を訪問し、介護体験をしてみましょう。介護が必要なひととともに時間を過ごし、向き合う体験は、家族に介護を必要とするひとができたときにも、役立つでしょう。

　ただし、訪問する施設の種類や方針、体験する日数などによって、体験できる内容には大きなちがいがあります。施設のひとと事前にしっかりと打ち合せをし、無理なく、お年寄りに喜んでもらえるような体験にしたいものです。

　この項目では、介護体験の例と基本的な心がまえについて学びます。

1　身だしなみをととのえる

施設を訪問する前には、身だしなみをととのえます。動きやすい服を着ます。かざりがついている服や、かかとの高いくつなどは動きづらいだけでなく、危険なのでさけましょう。

2　しっかりとあいさつをする

あいさつはコミュニケーションの基本です。明るく大きな声で、しっかりあいさつしましょう。

3　話し相手になる

●自己紹介をする

相手と目線の高さをそろえ、相手の目を見てにこやかに自己紹介をします。

●ことばづかいはていねいに

「大野さん」

相手の名前には「～さん」をつけ、ていねいなことばをつかって話します。

●相手のペースに合わせて話をする

「○○小学校からきました鈴木です。伊藤さんはどこのご出身ですか？」

自分のことを積極的に話すなかで話題を見つけます。一方的にならないように、相手のペースに合わせて話します。

4 車いすをおす

車いすを出します

部屋を移動するときやトイレにいくとき、散歩にいくときなどは、車いすをおします。いきなりおさず、かならず「出します」と声をかけます。

5 いっしょにあそぶ

輪になって、となりのひとにボールをわたしていきます。音楽を流し、とまったときにボールをもっていたひとがなにか話をします。

6 お礼をわすれない

体験後は、かならずお礼の手紙を書きます。介護体験がボランティア活動をはじめるきっかけになるとよいでしょう。

7 そのほかの介護体験

そのほかの介護
・食事の介護
・散歩の介護
・シーツ交換
・そうじ、洗たく

このほかにも上記のような介護体験ができます。ただし、どの施設でも同じように、すべての体験ができるわけではありません。なにができるか施設のひとと相談してみましょう。

第4章 お年寄りをサポートする

アドバイス

介護体験をするには、まず体験先を見つけなければなりません。体験先を見つけるには、つぎのような方法があります。
① 地域の施設に体験できるかどうか直接問い合わせる。
② 社会福祉協議会やボランティア協会に体験先を問い合わせる。
③ 各種団体がおこなっている体験実習に参加する。

介護体験は、施設側に通常の業務があるなかで受け入れてもらうだけではなく、利用者にも、いつもとはちがうひとに、いつもとはちがう介助を受けるという負担をかけることになります。たとえ1日だけの体験だとしても、しっかり目的意識や意欲をもって体験したいことを伝えることが大切です。

知識や技術を学び、事前に準備していこうと思う意欲は大切ですが、中途半端な知識や技術が利用者にとっては逆効果のことがあります。まずはふれ合うことを中心にしましょう。

【コラム】だれでも障害者になる可能性がある

■障害者になる可能性が高まっている

障害者福祉を考えるとき、「だれでも障害者になる可能性がある」とよく聞きます。

大けがをして足をうしない、車いす生活になる可能性はだれもが持っています。野球観戦中、ボールが目に当たり、失明してしまうかもしれません。心臓の病気をわずらい、ペースメーカーが欠かせなくなるかもしれません。

日本は超高齢社会です。高齢になるほど、障害者となって生活する可能性も大きくなります。

医療が発達したことで、いままでならば救えなかった命を救えるようになりましたが、そのぶん、障害が残る可能性も増しています。

このように、いまの社会はだれもが障害者になる可能性があり、その可能性はますます高まっているといえます。

■明日はわが身？

しかし、「だれでも障害者になる可能性がある」ということが、強調されるようになったのは、障害者になる可能性がじっさいに高まっているからだけではありません。

日本では「障害者の生活は、健常者の生活とは無縁のこと」という考え方が根強く、障害者福祉がなかなか進んできませんでした。

そこで、「だれでも障害者になる可能性がある」と強調することで、「明日はわが身です。だから、障害者福祉を積極的に考えなければなりません」というメッセージを伝え、多くのひとに、より自分のこととして、障害者福祉を考えてもらおうとしているのです。

■ほんとうの障害者福祉とは？

こうした動きに対しては、「『じぶんにも関係してくることだから考え、行動を起こそう』とよびかけることが、ほんとうの障害者福祉といえるのか？」「たとえじぶんに関係なくても、『同じ人間としてサポートする』という発想を広めていくべきではないか」といった疑問の声があがっています。

この声には考えさせられます。一方で、多くのひとが自分のこととして問題をとらえないかぎり、なかなか社会を動かす力は生まれないのも事実です。理想をかかげても、実を結ばなければ意味がありません。

■じぶんのことからみんなのことへ

「どんなひとにもやさしいデザイン」(ユニバーサルデザイン)という考え方が広がっています。幼児、高齢者、障害者はもちろん、一般の健康なひとにとってもやさしいデザインという意味です。

ところが興味ぶかいことに、これらは最初から「どんなひとにも」という視点で考えられたのではなく、「じぶんとじぶんにかかわるひとにとってやさしいデザインはなにか？」という発想から生まれたデザインが多いといいます。

それを思うと、「明日はわが身」「だれでも障害者になる可能性がある」ということから出発して障害者福祉を考えることは、かならずしも悪いこととはいえないのではないでしょうか。

じぶんのためにという考え方が出発点だとしても、最後に「どのひとにもやさしい」障害者福祉が実現される可能性は大いにあるからです。

幼児や握力の弱いお年寄り、目に障害のあるひとでもつかえるユニバーサルデザインのはさみ

資　料

　資料では、点字や指文字、障害をサポートするさまざまな道具や仕事、それと学習に役立つ情報をまとめています。各章の学習や活動をよりふかめるために活用してください。

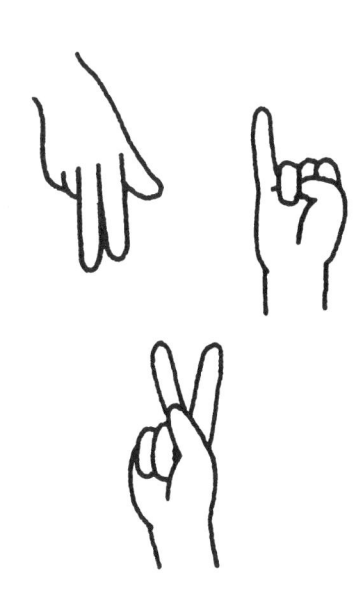

資料1 点字 50 音表

　点字は、ひと文字がたて3点、よこ2点の6点でできており、その6点を「マス」といいます。
　マスの配置には規則性があります。
　たとえば、「あ段」のほとんどはマスの左上に点があります。「い段」では、左上と左の真ん中、といった具合です。また「た行」では左の下と右の中、「は行」では、左と右の下といった具合です。下の50音表で、その規則性を見つけてみましょう。

　点字には、漢字もありますがかな文字が一般的です。小数点や句読点、音符などの記号もありますが、まずはかな文字に挑戦してみましょう。
　点字は、凸面の左から右へと読むので、打つときには凹面で、うら返しに右から左へと打たなくてはなりません。また、読みやすいように、文節ごとにひと文字分の空白を入れます。

点字（凸面）

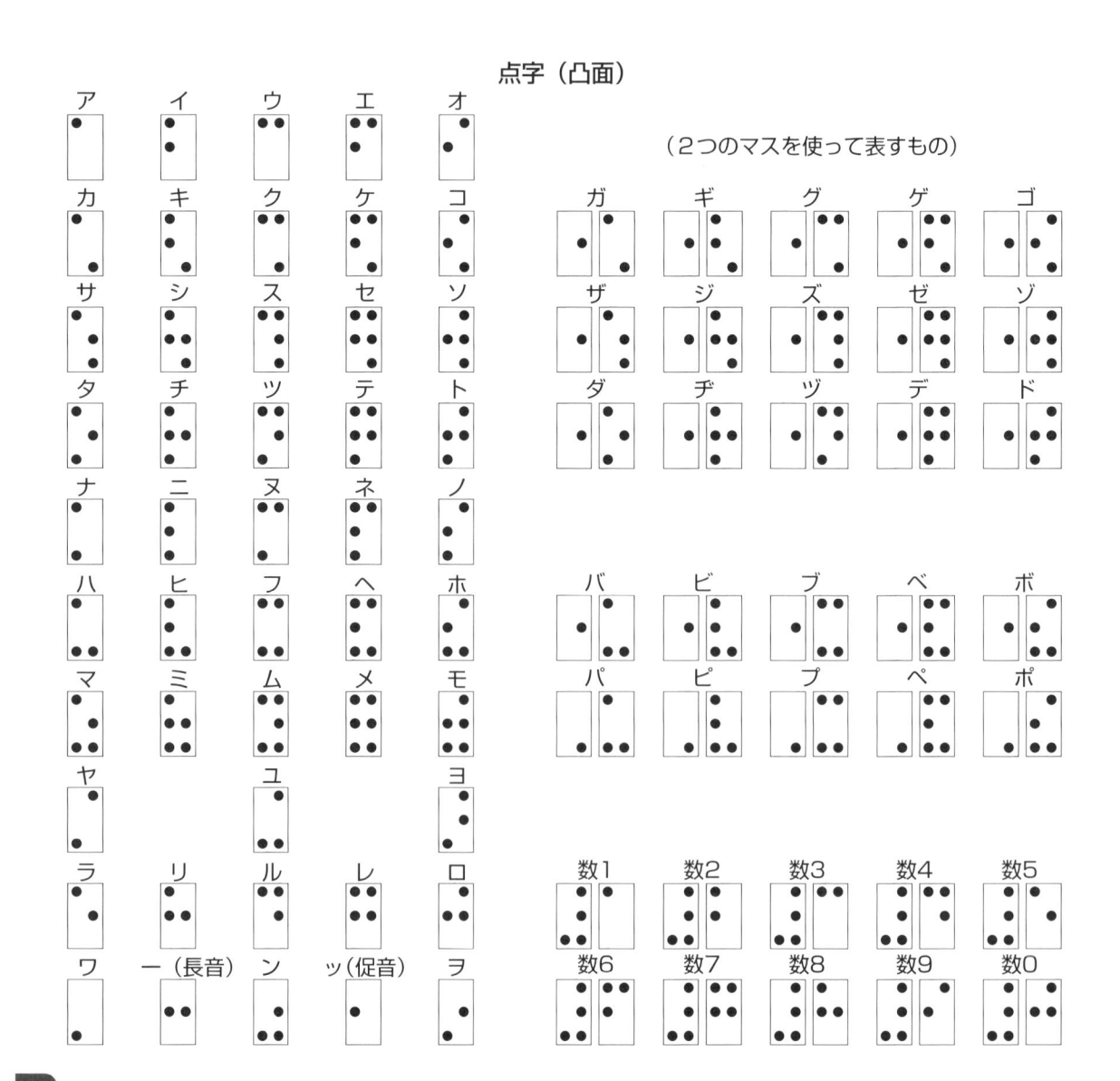

（2つのマスを使って表すもの）

資料2 指文字表

　指文字は、日本語の50音ひとつひとつに指のかたちを対応させたものです。
　たとえば、「き」はかげ絵のきつねのかたちを表しています。「そ」は「それ」と指をさしているかたち、「て」は手を見せているかたち、「ぬ」は「盗む」ことを表すかたち、「ね」は木の根のかたちからできています。
　もののかたちではなく、ひらがなや数字からできているものもあります。たとえば、「ひ」は「ひとつ」の「ひ」、「み」は「みっつ」の「み」、「よ」は「よっつ」の「よ」からできており、それぞれ指で「ひとつ」「みっつ」「よっつ」のかたちをつくります。
　アルファベットからできたものもあります。「あ」は「a」、「お」は「o」のかたちをあらわしたものです。
　このように、それぞれの指文字のなり立ちを知ると、おぼえやすくなります。

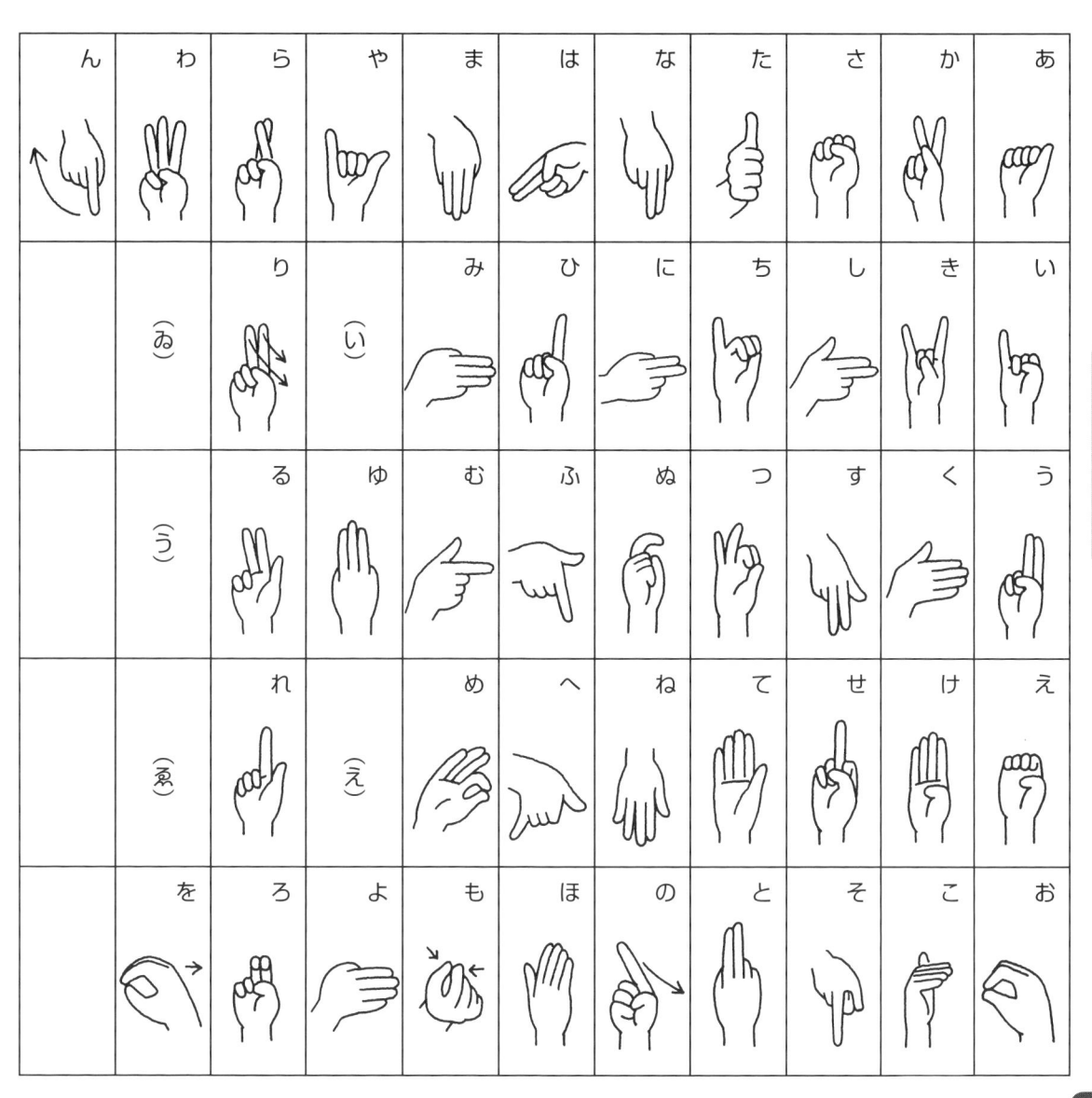

ん	わ	ら	や	ま	は	な	た	さ	か	あ
	（ゐ）	り		み	ひ	に	ち	し	き	い
	（う）	る	ゆ	む	ふ	ぬ	つ	す	く	う
	（ゑ）	れ		め	へ	ね	て	せ	け	え
	を	ろ	よ	も	ほ	の	と	そ	こ	お

資料3 身体障害者の生活をサポートするいろいろな道具

　各章のなかで、さまざまな道具を紹介しました。ここでは、各章で紹介できなかったものを紹介します。

　じつにたくさんの道具が開発されています。どの道具も、そのひとの障害の種類や程度、そしてつかう場所や目的に合ったものを選ぶことが大切です。

　たとえば、101ページの文字盤にふれて時刻を知る盲人用時計は、まわりのひとのじゃまにならずに時刻を知ることができますし、目の障害に加えて聞こえに障害があるひとでもつかえます。しかし、指先に障害がある場合はつかえません。音声で時刻を知らせてくれる時計は、指先に障害があってもつかえますが、聞こえに障害があるひとにはつかえない、というようにです。

　また、ここでは製品化されたものを紹介していますが、自分でくふうして便利な道具をつくっている障害者もたくさんいます。

1 肢体不自由者用の道具

●電動車いす

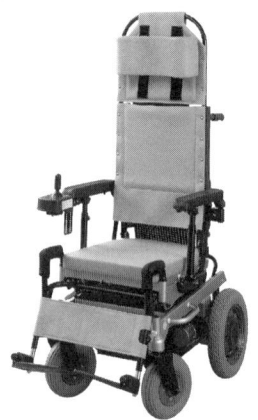

座面の下にバッテリーとモーターがついていて、ジョイスティックレバーを前後左右に操作することで動きます。あごや足で操作するタイプ、介助者が操作するタイプの車いすもあります。モーターをオフにすれば自走できる電動アシスト式の車いすもあります。

●競技用車いす

陸上競技、バスケットボール・テニス・バドミントン、スキーなど、たくさんの競技で、専用の車いすがつかわれています。スポーツ用の車いすには、とくべつな形や素材のフレームや車輪がつかわれています。写真はマラソン用の車いすです。

●生活用品

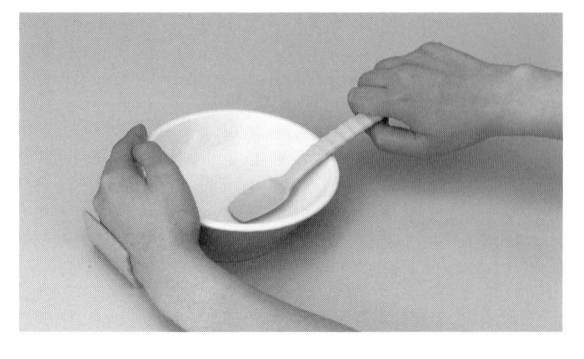

動かないようにおさえることができる食器

持ちやすい取っ手のついたコップ

100

2 視覚障害者用の道具

●拡大読書器

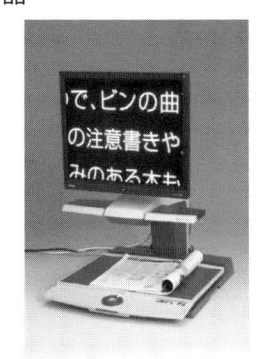

本などの印刷物を拡大して見やすくするための道具です。おもに弱視のひとがつかいます。カメラの下に印刷物をおくと、モニタに文字が大きくうつし出されます。文字をうつし出すと音声が出る「音声拡大読書器」も開発されています。

●大活字本

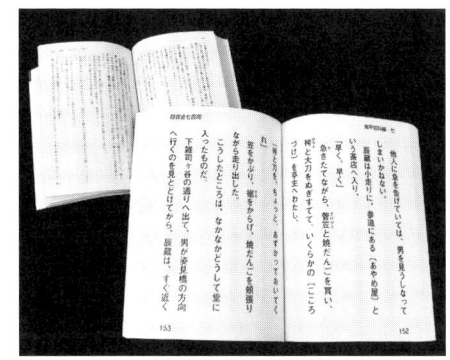

大活字本『鬼平犯科帳』シリーズより

元の本の内容はそのままに、大きな活字で組み直し、印刷した本です。文字の大きさ、書体、行間、改行等をくふうしてつくられています。

●盲人用時計

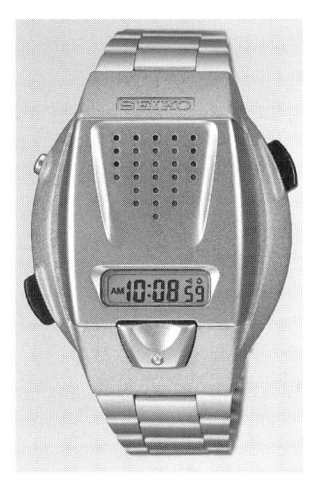

触読式の時計は、ふたをあけ文字盤に直接ふれて現在時刻をたしかめます。視覚に加えて聴覚にも障害のある盲ろう者でもつかうことができます。音声式の時計は、ボタンをおすと現在時刻を音声で伝えてくれます。

3 聴覚障害者用の道具

●補聴器

耳あな型
耳のあなにスッポリおさめてつかう

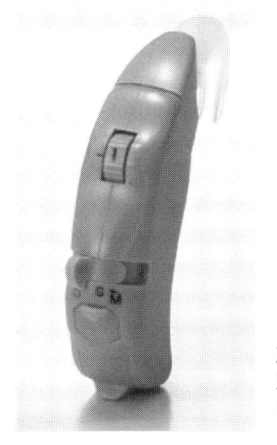

耳かけ型
耳にかけるようにしてつかう

資料

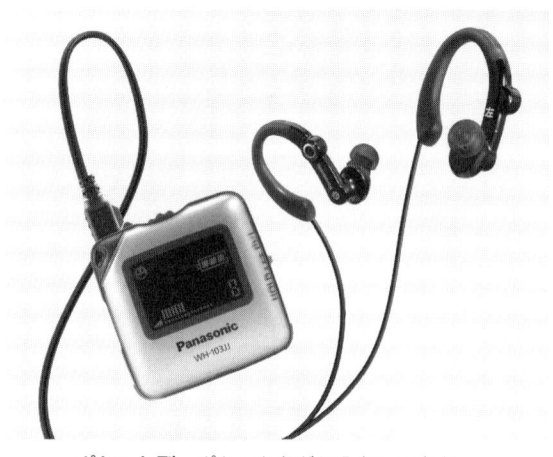

ポケット型 ポケットなどに入れてつかう

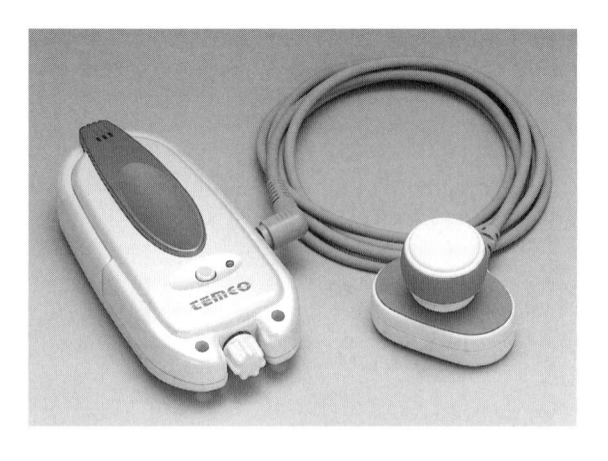

骨伝導型 ほお骨などにスピーカーをつけると、骨から聴覚神経に直接音が伝わる

補聴器は耳に装着し、聞こえをおぎないます。補聴器には上のようなタイプのものがあります。

● 音を視覚や振動などで知らせる道具

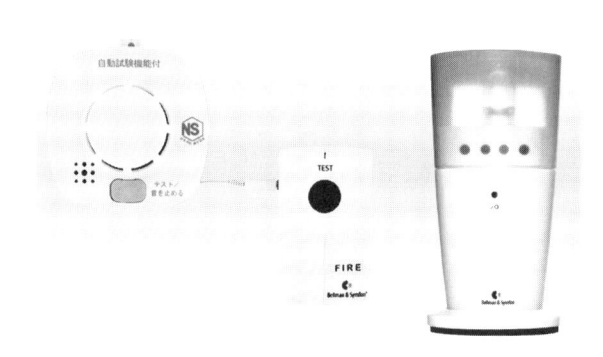

ドアチャイムなどの音をランプの光などで知らせてくれる

設定した時刻になると振動で知らせてくれる

音声情報をランプで目に見えるようにしたり、振動で体に感じられるようにしたりして耳以外の器官で情報をキャッチできるようにくふうされた道具があります。

4 お年寄りの生活を支える道具

● 移動用バー

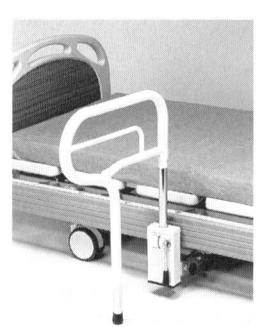

● トイレに手すりをつける

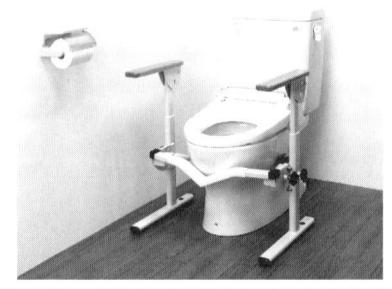

ベッドの横にとりつける手すりです。起き上がりや立ち上がりが楽になります。

なるべくトイレで用を足せるようにするために手すりをつけます。これでとてもすわりやすくなります。

●浴そう台

浴そうのなかにおく台です。浴そうへの出入りが楽になります。台は高さが調節できたり、座面がクッションになっていたり、足に吸盤がついていたりするなど、くふうされています。

●ポータブルトイレ

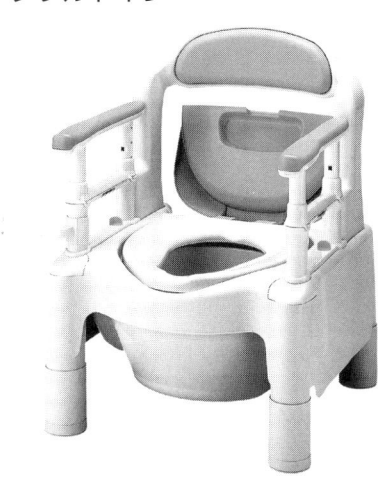

トイレで用をたすことがどうしてもむずかしいお年寄りでも、なるべくオムツをしなくてすむように、室内においてつかえる室内用トイレがあります。

●折りたたみつえ

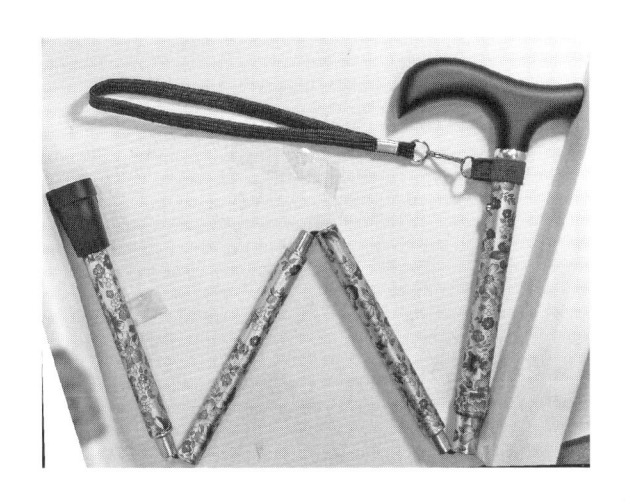

小さく折りたためるので、かばんに入れることもできます。

●4点ステッキ

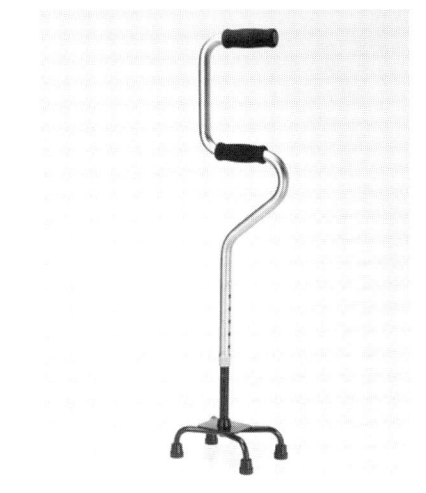

杖の先が4つに分かれているのでより安定しています。足元が不安なお年寄りでも安心して歩くことができます。

●歩行補助車（シルバーカー）

歩くとき、からだを支えたり、すわって休けいしたりすることができる補助車です。

●持ちやすい食器

取っ手の形などがくふうされ、手先が不自由でも持ちやすくなっています。

資料

資料4　身体障害者をサポートする仕事

　この本を読んで、身体障害についてもっとふかく学びたいと思ったひと、将来は障害者をサポートする仕事につきたいと思ったひともいるでしょう。

　この項目では、身体障害者をサポートする仕事にはどんなものがあり、その仕事につくにはどのような進路を選べばよいかを紹介します。

　ここで紹介するほとんどの仕事は、専門的な学校で学び、国家試験に合格することでその資格が得られます。これらの仕事は医療と結びついており、からだに障害をもったひとびとの命にかかわる仕事だからです。

　「この仕事についてもっと知りたい」と思ったら、近くの特別支援学校や病院、老人福祉施設などを訪ね、仕事の内容を見学させてもらうのもいいでしょう。その際は、まず電話でしっかりと自己紹介をし、目的を伝え、訪問の日時や準備について打ち合わせましょう。

●ホームヘルパー（訪問介護員）

　自宅でくらしている障害者を訪問して、介護や家事援助をおこないます。介護とは、食事やふろ、トイレ、着がえ、移動などを手伝うことです。家事援助とは、料理や洗たく、そうじ、買いものなどの家事を手伝ったり、代わりにおこなったりすることです。障害者本人やその家族へのこころのケアをおこなったり、家族に介護の方法を教えたりすることもあります。

　ホームヘルパーになるには、都道府県や市町村をはじめとしたいろいろな団体でおこなっている「訪問介護員養成研修」に合格することが必要です。

●介護福祉士（ケアワーカー）

　からだやこころに障害があることで、日常生活をおくることがむずかしいひとの風呂やトイレ、食事などの介護をおこない、本人やまわりの家族などに介護のしかたなどを教える専門職です。介護支援センターの職員として、障害のあるひとやその家族からの相談を受けることもあります。

　介護福祉士になるには、介護福祉士になるための学校を卒業するか、国家試験に合格することが必要です。

●社会福祉士（ソーシャルワーカー）

　からだやこころの障害などによって日常生活をおくることがむずかしいひとの相談にのったり、さまざまな福祉関係者と協力して、そのひとのサポートをおこなう専門職です。

　社会福祉士になるには、福祉をまなぶ大学、あるいは専門の学校を卒業するか、国家試験に合格することが必要です。

●精神保健福祉士

　精神障害者が日常生活にもどるにあたっての相談をはじめ、退院したあとに住む場所やしごと先を紹介したり、サポートをしたりします。

　精神保健福祉士になるには、福祉をまなぶ大学あるいは専門の学校を卒業するか、国家試験に合格することが必要です。

●介護支援専門員(ケアマネージャー)

介護支援専門員は、介護が必要なひとや介護するひとからの相談を受け、そのひとのこころやからだの状態に応じてもっともよいサポートが得られるように計画を立てます。市町村や事業者・施設などに問い合わせをしたり、介護保険の管理をおこなったりします。

介護支援専門員になるには、5年以上の実務経験が必要で、その後、介護支援専門員実務研修受講試験に合格することが必要です。

●理学療法士

なんらかの原因でからだに障害を負ったひとに、手足の関節の動きをよくしたり、筋力を回復させたりする運動をしてもらいます。また、障害のあるところを温めたり、電気的な刺激をあたえたりする治療もします。障害のあるひとの起き上がったり、立ち上がったり、歩いたりといった基本的な能力を元にもどしたり、それ以上悪くなったりしないようにします。車いすや白杖などの使用に関するサポートもおこないます。

理学療法士になるためには、高校卒業後、理学療法士養成学校または、養成施設で3年以上理学療法の知識や技術を修得し、国家試験に合格しなければなりません。

●作業療法士

なんらかの原因でからだに障害を負ったひとに、工作や手芸などの作業、生活動作の訓練などをとおして、家庭で毎日おこなう日常生活活動(歩く、食べる、トイレ、着がえ、ふろ)の訓練をおこないます。

作業療法士になるためには、高校卒業後、指定養成施設で3年以上、専門知識と技能を修得し、国家試験に合格しなければなりません。

●言語聴覚士

なんらかの原因でことばを話すこと・聞くこと、食事をすることがむずかしくなったひとに対して、コミュニケーションを取りやすくするための訓練をおこない、必要に応じてことば以外でのコミュニケーションの方法を教えます。食事を取りづらいひとには、口のケアや食事の食べ方などを教えます。

言語聴覚士になるためには国家試験に合格しなければなりません。厚生労働省の指定する大学、短大、専門学校を卒業すると受験資格が得られます。また、一般の大学を卒業した後、専門学校を卒業することでも受験資格を得ることができます。

●義肢装具士

なんらかの障害で失った手足の代わりをする義肢、コルセットなどの装具をつくり、装具をつかったリハビリテーションをおこないます。利用者の相談にのり、アフターケアもおこないます。

義肢装具士になるためには、養成学校において必要な知識や技能を身につけた後で、国家試験に合格する必要があります。

●視能訓練士

斜視や弱視など、見る機能に障害のあるひとに、訓練をおこないます。また、視力をおぎなう道具を選んだり、つかい方を教えたりします。

視能訓練士になるためには、養成学校において必要な知識や技能を身につけた後で、国家試験に合格する必要があります。

資料

資料5　身体障害の理解に役立つ本・ホームページ

　この本で紹介してきた身体障害やそのサポートについての情報は、ほんの一部にすぎません。関心を持ったら、もっとくわしく調べてみましょう。
　身体障害者のサポートには専門知識が必要になることもありますが、小中学生や一般のひと向けにわかりやすくまとめられた本がたくさん出版されています。役立つ本として一部ご紹介しますので、ぜひ参考にしてください。

　また、ホームページでも多くの情報を得ることができます。サポートの情報だけではなく、実際の現場の状況やかかわっているひとの声など、参考になる情報もたくさんあります。さらに、全国各地でさまざまな関連施設やボランティアサークルなどがホームページで活動を紹介していたり、ボランティアを募集したりしています。身体障害者のサポートに取り組むときに、これらの情報がたいへん役に立ちます。

●役立つ本
『からだが不自由ってどんなこと？』全6巻　伊藤隆二監修　学習研究社　1998年
『ボランティアに役立つはじめてであう点字』全5巻　黒崎恵津子著　岩崎書店　2000年
『なれたらいいな点訳ボランティア』田中ひろし著編　同友館　1997年
『お年寄りの生活をつくる介護用品〜理学療法士が選んだ、安心・便利な福祉用具』岡田しげひこ・三好春樹著　雲母書房　2006年
『はたらく犬』全4巻　日本補助犬協会監修　学習研究社　2004年
『障害を知る本〜子どものためのバリアフリーブック』全11巻　大月書店　1999年
『ふしぎだね？（発達と障害を考える本）』全12巻　ミネルヴァ書房　2006〜2008年
『ボランティア』金子郁容著　岩波新書　1992年
『いっしょに歩こう1、2』たなかしんこ著　白泉社　1996年
『さっちゃんのまほうの手』たばたせいいち著　偕成社　1985年
『わたしの体ぜんぶだいすき』先天性四肢障害児父母の会著　三省堂　2003年
『がんばれ！　盲導犬サーブ──足をうしなっても主人を助けた盲導犬』手島悠介著　講談社　1983年
『DVDですぐできるやさしい手話』米内山明宏著　成美堂出版　2005年
『歌でおぼえる手話ソングブック1、2』新沢としひこほか著　鈴木出版　2000年、2003年
『手話でうたおう子どもの歌』伊藤嘉子著　音楽之友社　2002年
『視覚障害者介護技術シリーズ』全5巻　全国視覚障害者情報提供施設協会編集・発行　1998、1999、2002年
『障害を知ろう！　みんなちがって、みんないい』全7巻　金の星社　2005年
『耳の不自由な人の生活を知る本　〜心の支援とサポート器具〜』ワールドパイオニア編　小学館　2001年
『からだの不自由なお年寄りの食事　つくり方と介助』板垣晃之ほか著　医歯薬出版　2004年
『ともに生きる未来　障害者理解へのガイドブック』ほんの木　1998年
『いっしょがいいな障がいの絵本』全12巻　ポプラ社　2006年
『えがお、ときどき涙　きみのまわりに、体の不自由な友だちがいたら？』旺文社　1999年
『体が不自由な人への理解が深まる絵本』全4巻　あかね書房　2004〜2006年
『ドラえもんの車いすの本』共用品推進機構編　小学館　1999年
『障害ってどんなこと』全6巻　ゆまに書房　2001年
『お年寄りに役立つ道具案内』銀ちゃん便利堂編　学陽書房　2000年

●役立つホームページ
○ボランティアに関するページ
NHKボランティアネット　http://www.nhk.or.jp/nhkvnet/index.html

厚生労働省　http://www.mhlw.go.jp/
Yahoo! ボランティア　http://volunteer.yahoo.co.jp/
Yahoo! きっずボランティア　http://volunteer.kids.yahoo.co.jp/
集まれ！ボランティア　http://www3.shakyo.or.jp/gogoV/
赤い羽根共同募金　http://www.akaihane.or.jp/index2.html

◯福祉に関するページ
日本身体障害者団体連合会　http://www.nissinren.or.jp/
ちいちゃんとたっくん―みんなが幸せにくらせるまちに―　http://www.pref.hokkaido.lg.jp/hf/feg/chihuku/chii_taku/chitaku-h.htm
障害者情報ネットワークノーマネット　http://www.normanet.ne.jp/
ほほえみWEB　http://www.pref.gifu.lg.jp/pref/s11221/hohoemi/
こどもワムネット　http://www.wam.jp/child//index.html
社会福祉法人日本介助犬協会　http://www.s-dog.jp/

◯視覚障害に関するページ
日本点字図書館　http://www.nittento.or.jp/
パソコン点訳工房　http://www2d.biglobe.ne.jp/~tenyaku/
財団法人日本盲導犬協会　http://www.moudouken.net/index.php
アイメイト協会　http://www.eyemate.org/
◯聴覚障害に関するページ
手話技能検定協会　http://www.shuwaken.org/
手話学習塾　http://syuwajuku.net/
NHK　みんなの手話　http://www.nhk.or.jp/fukushi/min_syuwa/

◯お年寄りに関するページ
財団法人認知症予防財団　http://www.mainichi.co.jp/
お年寄りの介護百科　万有製薬　http://www.banyu.co.jp/content/patients/health/aged/

◯障害者関連団体のページ
障害学会　http://www.jsds.org/
ＪＢＳ日本福祉放送（社会福祉法人視覚障害者文化振興協会）　http://www.jbs.or.jp/
全国視覚障害児（者）親の会　http://homepage3.nifty.com/shikaku-oyanokai/
社団法人全国肢体不自由児・者父母の会連合会　http://www.zenshiren.or.jp/
全国身体障害者総合福祉センター　http://www.normanet.ne.jp/~ww100006/
全国自立生活センター協議会（ＪＩＬ）　http://www.j-il.jp/
全国難聴児を持つ親の会　http://www.zennancho.com/
財団法人全日本ろうあ連盟　http://www.jfd.or.jp/
日本障害者協議会　http://www.jdnet.gr.jp/
財団法人日本障害者スポーツ協会　http://www.jsad.or.jp/
公益財団法人北海道盲導犬協会　http://www.h-guidedog.org/
財団法人東日本盲導犬協会　http://www.guide-dog.jp/index.php
財団法人日本盲導犬協会　http://www.moudouken.net/
財団法人アイメイト協会　http://www.eyemate.org/
財団法人中部盲導犬協会　http://www.chubu-moudouken.jp/
財団法人関西盲導犬協会　http://web.kyoto-inet.or.jp/org/kgdba/
社会福祉法人日本ライトハウス　http://www.lighthouse.or.jp/
財団法人九州盲導犬協会　http://fgda.or.jp/
社会福祉法人兵庫盲導犬協会　http://www.moudouken.org/

【コラム】おせっかいとサポートはどこがちがう？

■あなたの行動はおせっかい？

こしの少し曲がったお年寄りが重そうな荷物を持って歩いているところを見かけたあなたは、「お手伝いしましょうか？」と声をかけました。ところが、あなたはお年寄りにいやな顔をされたうえ、「けっこうです」と断られてしまいました。あなたの行動はおせっかいだったのでしょうか？

そのお年寄りは、じぶんが年寄りあつかいされたことが不快だったのかもしれません。「人さまに迷惑をかけないように」という気持ちが強く、お世話になること自体にひけ目を感じるため、あなたの手伝いを断ったのかもしれません。あるいは、手伝ってもらってもなんのお返しもできないということをはずかしく思い、断ったのかもしれません。

そう考えると、あなたの申し出が、すなわちおせっかいだったとはいえません。

■おせっかい自体がだめなこと？

そもそも「おせっかい」自体がだめなことなのでしょうか？

相手のことをまったく考えないで、自己満足のためだけにおこなうのであれば、そうなのかもしれません。その場合は、上の例のように断られると、「せっかく声をかけてやったのに！」となりかねません。

しかし、相手のことを考えて手をさしのべてみたら、結果として断られたということはよくあるのです。少なくともやさしさや気づかいからおこなったことであれば、なにもしないよりはよかったと考えたいものです。

■おしつけとやりすぎこそがおせっかい

支援とは、相手がしたいけれどもできないことを代わりにおこなったり、手伝ったりすることです。障害者や高齢者に対する支援は、専門的におこなう必要がありますが、それには落とし穴があります。

たとえば、視覚障害者を案内するとき、その人の左前に立って、自分の右うでを相手に持ってもらうのが一般的です。しかし、なかにはこの方法をきらうひともいます。

そんなひとに一般的な方法をおしつけてしまったとしたら、せっかくの支援も台なしです。相手が望まない支援こそがおせっかいなのです。

また、相手が希望する以上の支援も、相手の自立する力をうばうことになってしまうかもしれません。世話をしすぎたために、かえって相手の体が弱ってしまうということもあるのです。

■必要なことを必要なときに必要なだけ

日常のちょっとしたことでも、専門的な介護でも、相手が必要としていることを必要なだけ支援をするということが大切なのです。そして、支援するほうの都合ではなく、されるほうの立場を考えることが必要です。それには、「してあげる→してもらう」のような、支援する方からみた一方通行ではいけません。

支援する側とされる側が、気持ちをつなげてともに生きていこうとする関係ができたとき、よい支援ができるのです。

■少しおせっかいくらいでちょうどいい

さいごに、あるブログで掲載されていたホームヘルパーの方のエピソードを紹介しましょう。

そのヘルパーさんは、2008年の10月、いつものように担当していた80代のお年寄り宅を訪れました。すると、そのお年寄りが「孫から『借金の保証人になり300万円用意してくれないか』という電話があった」というのです。「おかしい」と思い、再度連絡があったときにヘルパーさんは電話を代わり、孫の生年月日を聞きました。そして、それが振り込め詐欺であることを明らかにし、地元の警察から表彰されました。

もしこのヘルパーさんが電話を代わっていなければ、お年寄りは大きな被害をこうむっていたはずです。少しおせっかいなくらいがちょうどいいのかもしれません。

あとがきにかえて

　総合的な学習の時間に、ゲストティーチャーとして何度も招いている方のひとりに、本間篤史さんがいます。本間さんは、1992年、フリースタイルスキー・モーグルのワールドカップで、日本人初の６位入賞、93年には全日本フリースタイルスキー選手権長野大会優勝など、かがやかしい戦績を持ちながら、98年に練習中の事故で頸椎（けいつい）を損傷してしまい、両手指とむねから下が動かなくなり、車いすの生活をするようになりました。

　本間さんをお招きした授業で、子どもたちはいろいろな質問をします。本間さんは、どんな質問にもしっかりと答えてくださいます。

子ども「階段しかないところで２階にいくときはどうするんですか？」
本間「だれかに車いすごと持ってもらわないといけません」
というようにです。

　あるとき、つぎのような質問が出ました。
子ども「車いすに乗っていて、ころんじゃったらどうするんですか？」
　すると、本間さんは「いまここでどうするかやってみましょうね」とおっしゃって自ら床に降り、車いすをひっくり返しました。そして、自力で車いすを立て直し、床から２本のうでだけではい上がって車いすにもどるようすを見せてくださったのです。固唾をのんで見守っていた子どもたちは、本間さんがみごと車いすにもどると、「すご〜い！」と大きな拍手を送りました。

　つぎのような質問も出ました。
子ども「おしっこはどうしていますか？」
　「よかったら答えてあげてください」とお願いすると、本間さんは、尿袋を取り出して「おしっこはこれに管でためておきます。たまったらトイレに流します」とこころよく教えてくださいました。

　さて、先生たちのなかには「ころんだらどうするか」とか「おしっこはどうするか」というような質問はしてはいけないと考えるひともいるようです。しかし、わたしはそうは思いません。障害者の生活のようすを、子どもたちが具体的に知ることはとても意義あることです。一方、障害者にとっても、生活のようすを知ってもらえる貴重な機会なのです。
　本間さんはいいます。
「交差点で小さな子がぼくの車いすをじっと見ていたんですよ。すると、そばにいたお母さんが、『見るんじゃありません』と言ったんです。そして、信号が変わるとその子の手を引いてさっといってしまった。あれはさびしかった。ぼくは、自分の車いすを見てほしいですね。『どう、かっこいいでしょう。毎日みがいているんだよ』って教えてあげたい」

「ころんだらどうするか」とか「おしっこはどうするか」という質問をさける先生や、車いすを見ていた子をたしなめたお母さんは、きっと障害者を傷つけないようにと配慮したのだろうと思うのですが、本間さんのように考える方にとってはいらない配慮だったようです。

　もちろん、障害にふれてほしくないひともいるでしょうし、そうした時期もあるかもしれません。また、プライバシーに立ち入りすぎることにも注意しなくてはなりません。しかし、この本の中でもふれた「そのひとが必要としていることを助ける」という支援の原則と同じで、「そのひとが望んでいる交流を実現する」ことに臆病であってはならないと思うのです。

　同じように、ゲストティーチャーとして協力していただいた方に、北海道盲導犬協会の会長だった故・佐々木紀夫さんがいます。佐々木さんは中途失明者で、盲導犬ユーザーでもありました。

　佐々木さんは、よく「わたしが失明したのはね、それもなにかの役割なんですよ」と話していました。「失明したことによって、たくさんのひとと知り合うことができたし、失明してもできることがたくさんあることがわかった。子どもたちに、失明しても幸せに生きていけることが伝えられたとしたら、ほんとうにうれしい。だから、失明してよかったとさえ思うことも多いのです」とも話していました。

　「失明したことも役割」とは、なんとすごいことばでしょう。

　おつき合いがふかまるほど、わたしは障害のある方から人生の意味をふかく学びます。サポートをさせてもらいながら、逆にはげましてもらっているように感じるのです。

　この本は、サポートやボランティアのしかたを紹介しています。それらの活動を通して、障害のある方と子どもたちのあいだにたくさんの笑顔が咲き、やがて、健常者と障害者とが、ともに学び合い、はげまし合って生きていく社会ができれば、と願っています。

　ぜひ、多くの教室、ご家庭でこの本をご活用ください。

2010年2月　　　　　　　　　　　　　　　　　　　　　　　　　　横藤雅人

■著者紹介

[編者]
横藤雅人（よこふじ・まさと）

1955年、北海道留萌市生まれ。

札幌市立羊丘小学校校長。生活科や総合的な学習の時間を中心に研究している。北海道教育大学卒。北海道生活科・総合的な学習教育連盟ネット研代表。教師力BRUSH-UPサークル。鍛える国語教室札幌支部。

主な著書 『子供たちからの小さなサインの気づき方と対応のコツ』（2006年　学事出版）、『学級経営力・低学年学級担任の責任』（2006年　明治図書）、『小学校学級担任12カ月　低学年』（2008年　ひまわり社）、『明日の教室 第5巻』（2009年　ぎょうせい）、他多数。

ホームページ「共に育つ」：http://www3.plala.or.jp/yokosan/

[著者]
北海道生活科・総合的な学習教育連盟ネット研究会（略称：ネット研）

生活科や総合的な学習のための研究団体。広い北海道には、「生活科の優れた実践が知りたい」、「総合のカリキュラムづくりで悩んでいる」など、生活科や総合的な学習について学ぶ意欲や悩みがあっても、地理的な事情などで学習の機会に恵まれない教員がたくさんいる。その実態の解消を目指し、2006年にインターネットを通じて学びの場を提供するユニークな研究会を発足させた。現在、北海道に限らず全国から20名が参加。教員以外の研究者や出版社も加入し、おもにメーリングリストによる情報交流をおこなっている。この本の執筆には8名が携わった。

ネット研URL：http://www9.plala.or.jp/net_ken/

〔執筆担当者〕

赤尾知子（岡山市立福浜小学校）	阿部隆幸（本宮市立糠沢小学校）
石川 晋（上士幌町立上士幌中学校）	大野睦仁（札幌市立厚別通小学校）
紙谷健一（札幌市立米里小学校）	後藤則史（江別市立上江別小学校）
山本和彦（石狩市立若葉小学校）	横藤雅人（札幌市立羊丘小学校）

■取材協力

近畿義肢製作所／清水茜氏／故・佐々木紀夫氏（北海道盲導犬協会前会長）／北海道盲導犬協会／野坂利也氏（(有)野坂義肢製作所所長）／口と脚で描く芸術家出版（MFPA）／本間篤史氏／アサヒビール株式会社北海道工場／ＮＰＯ法人全国盲導犬施設連合会／日本点字図書館／和歌山県障害者スポーツ協会／越智貴雄氏（カンパラプレス）／全日本グランドソフトボール連盟／有限会社エックスワン／かながわブラインドスキーくらぶ／長野県視覚障害者マラソン協会／日本視覚障害者サッカー協会／全日本難聴者・中途失聴者団体連合会／日本音楽著作権協会（ＪＡＳＲＡＣ）／佐藤真海氏／日本パラリンピック委員会（日本障害者スポーツ協会）／ＮＰＯ法人バリアフリー協会／グループリビング コイノニア／ＮＰＯ法人ゆいの里／長谷川刃物株式会社／（株）今仙技術研究所／（株）オーエックスエンジニアリング／三信化工株式会社／タイムズコーポレーション／株式会社大活字／セイコーウォッチ株式会社／オムロンヘルスケア株式会社／リオン株式会社／パナソニック補聴器株式会社／（株）テムコジャパン／（株）自立コム／ピジョンタヒラ株式会社／アロン化成株式会社／香取産業株式会社／（有）めでぃかるもっちーず／株式会社イーストアイ／（株）幸和製作所

イラスト版からだに障害のある人へのサポート
子どもとマスターする 40 のボランティア

2010 年 3 月 10 日　第 1 刷発行

編　者　横藤雅人
発行者　上野良治
発行所　合同出版株式会社
　　　　東京都千代田区神田神保町 1-28
　　　　郵便番号　101-0051
　　　　電話 03(3294)3506 ／ FAX03(3294)3509
　　　　URL；http://www.godo-shuppan.co.jp/
　　　　振替　00180-9-65422
イラスト　タカダカズヤ
組　版　Shima.
印刷・製本　新灯印刷株式会社
■刊行図書リストを無料送呈いたします。
■落丁乱丁の際はお取り換えいたします。

本書を無断で複写・転訳載することは、法律で認められている場合を除き、著作権および出版社の権利の侵害になりますので、その場合にはあらかじめ小社あてに許諾を求めてください。
ISBN978-4-7726-0459-8　NDC379　257×182
© Masato YOKOFUJI, 2010